电力信息化丛书

EP电世力
ELECTRIC POWER

信息推动变革

EP《电世力》编辑委员会　组编

中国财富出版社

图书在版编目（CIP）数据

信息推动变革/EP《电世力》编辑委员会组编.—北京：中国财富出版社，2012.4
（电力信息化丛书）
ISBN 978-7-5047-4225-4

Ⅰ.①信… Ⅱ.①E… Ⅲ.①电力工业—信息化—研究—中国 Ⅳ.①F426.61

中国版本图书馆CIP数据核字（2012）第068051号

策划编辑 朱 琳　　　　责任印制 何崇杭 王 洁
责任编辑 朱 琳　　　　责任校对 孙会香 梁 凡

出版发行 中国财富出版社（原中国物资出版社）
社　　址 北京市丰台区南四环西路188号5区20楼　　　　邮政编码 100070
电　　话 010-52227568（发行部）　　　　010-52227588转307（总编室）
　　　　 010-68589540（读者服务部）　　　　010-52227588转305（质检部）
网　　址 http://www.clph.cn
经　　销 新华书店
印　　刷 河北廊坊市金虹宇印务有限公司
书　　号 ISBN 978-7-5047-4225-4/F·1729
开　　本 880mm×1230mm 1/16　　　　版　　次 2012年4月第1版
印　　张 3.75　　　　印　　次 2012年4月第1次印刷
字　　数 124千字　　　　定　　价 30.00元

《电力信息化丛书》
编委会

联系方式
编 辑 部：010-63413254
市 场 部：010-63414913
读者服务部：010-63413221
传　　真：010-52695202
网　　址：http://www.cpite.cn
电子邮件：editor@cpite.cn

主编寄语

E—mail：nox—lee@mediaglory.cn

信息化因势转型

EP《电世力》编辑委员会 主编　李东

可再生能源是人类的希望。因而我国能源工业正在合理控制能源消费总量，优化能源结构，转变能源发展方式，特别是近几年，通过引进、消化、吸收及自主研发，让核能、风能、太阳能和生物质能在能源结构中的比例取得了一定增长。同时，各电力公司也正在加快转型升级、做强做优。但无论规模大小都离不开质量和效益的中心，传统电力信息化建设思路如何适应时代大趋势实现自身转型，分水岭已经显现。

电力信息化亟须观念转型。所谓转型并不是改变电力信息化为能源转换服务的宗旨，而是不再仅仅受命于传统业务管理理念。电力信息化要学会跨界思维方式，消化吸收可再生能源管理的特性和理念，让使命更丰富，疆界更广阔。如绿色可持续性、自适应性、自修复性等，而非一轮一轮地“灾”后重建。电力信息化更应该勇于探索与尝试。如集中统一管控，可能会牺牲某方面的独创性，如同偶然性与必然性之间的辩证关系，当下的必然可能在未来仅仅是曾经的偶然，而当下的偶然则可能就是未来的必然。苹果公司的电子产品虽好，并非人人都爱用，电力信息化的掌控者们应持有更开放的思维，认清信息化的本质，而不再执拗于某种表现形式。

电力信息化要兼顾宏观调整与微观分析。像多维度的建模、数采、分析、展现、控制、反馈、决策等，不仅要应用于集团或行业层面，还要向生产和经营的控制监测的微观环节发展，通过自动化与信息化的融合，释放或减少人力。电力信息化势必走向规模小而强的时代，大量简单功能聚合成为复杂的信息体，以适应能源结构的调整，多种经济成分的介人，适应电力生产与电力管理之间关系的改变，以便对更分散、更小型的电源点进行管理，如同管理虚拟电厂一般。

电力信息化在建设策略上也需要转型。汽轮机和锅炉制造商加在一起不能被称为生产电力商，那些软硬件厂商的电力解决方案也不能代表电力信息化。专业 IT 厂商不断创新着各类应用平台，电力信息化建设一直都在重复着拿来和改造的策略，不管这种方式如何效率高，改善效果好，却无法使信息化的价值与其带来的无形收益相匹配。电力信息化要走自主创新的跨越式发展之路，就需要适度引进外来应用，发展壮大自有 IT 团队，这样才有助于能源发展技术瓶颈的突破，提高能源生产和利用效率，达到“安全、高效、低碳”的目标。

电力信息化发展模式并非独木桥，成功的模式不可效仿，也不可复制，有限借鉴仍离不开自身的管理基础。站在电力变革时代的分水岭上，谁看得更远，谁就会走得更远，前提是电力信息化的质量够优、效益够大。

11　日常运维影响信息化的功效

目　录

14　CDM：新能源推进器

观察异见

01　如何标准化信息安全

02　电费缴纳也应征信

04　新员工入职培训全攻略

07　ERP评估三要素

09　解决物流信息标准化的关键

11　日常运维影响信息化的功效

故事轨迹

13　电力线上网分析及展望

14　CDM：新能源推进器

现场直击

20　安全评价管理系统简介

23　理念决定工具

20 安全评价管理系统简介

40 解析核电电子文档管理

知行视界

25 控制安全新解

27 ERP智在优化

29 安全细分化

31 燃烧燃烧的成本

33 强强集成 精准高效

35 激光盘煤可靠精确

IT纵横

38 CIM可消除孤岛噩梦

40 解析核电电子文档管理

42 用电信息如何采集

44 无人职守于无形

45 内外网隔离要因需制宜

46 终端安全 多管齐下

48 链路聚合让网络优化零成本

信息安全管理标准化对于“SG186”这样庞大的系统而言，其意义和重要性毋庸置疑。新安江水力发电厂自创的一套“组合拳”，开拓出信息安全管理标准化的新思路、新途径。

如何标准化信息安全

新安江水力发电厂　董媛　汪晓玫

董媛

信息安全防护建设是国网公司信息化“SG186”工程的重要组成部分和基础保障。新安江水力发电厂（以下简称“电厂”）将信息安全等同于生产安全，在建设实施、风险控制、工作作风等方面以技术、制度、安全行为三道防线（以下简称“三线”），落实责任、营造氛围、预控防范，形成全员“信息安全、人人有责、全员共防”意识，实现信息安全标准化管理。

“十一五”期间，电厂通过信息安全等级保护和内外网隔离、分域防护、风险评估、安全监控等项目建设，已经形成了覆盖信息系统运行和保障各个方面，较为坚强可靠的信息安全防护体系。电厂结合国网公司“人财物集约化”工作要求，继承“SG186”安全防护体系目标架构，基于安全最佳实践与业界相关开放标准安全模型，将管控目标、制度组织、流程、技术手段、审计监控有机结合，深化业务应用安全和一体化平台安全，全面建成具备“全面防护、精确感知、动态治理、管理精益”为特征的电网信息安全主动防御体系。同时，健全公司信息安全管理措施和安全技术手段，实现安全管理精细化、核心装备自主化，完善信息安全基础支撑平台，增强信息系统安全预警、应急处理和灾难恢复能力，实现对公司安全的统一监控与管理，提升信息安全综合治理水平。

电厂信息安全标准化管理主要涉及四个层次，即内外边界、网络、主机、业务应用系统。电厂信息安全管理督查要常态化，以制度规范为起点，以“三线”管理为过程控制，以信息安全督查管理为执行效果的检查和保障，形成信息安全防护的闭环管理（如下图所示）。

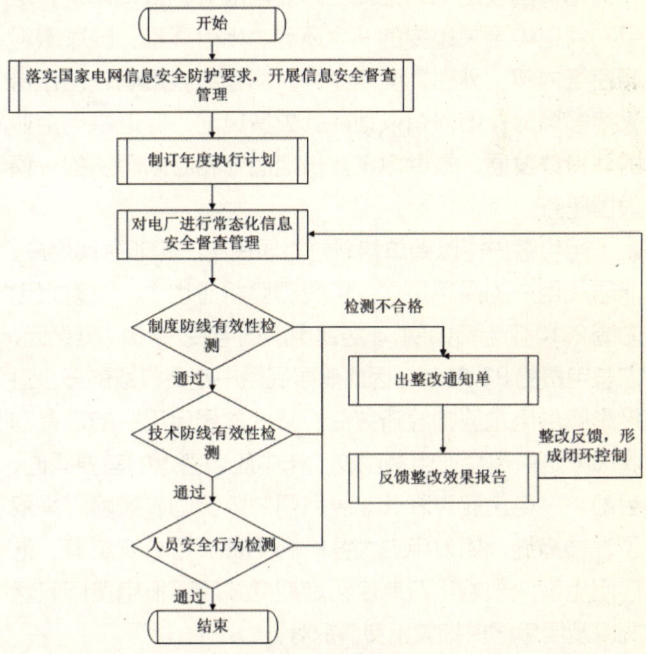

信息安全督查专业管理流程图

信息安全防护系统重点完成在线策略监控、信息安全扫描评估等功能。以“风险预控、闭环管理、持续改进”为目标，通过把握关键点，将风险控制与结果评估有效地结合，突出重点，提高信息安全整体评估效率，高度关注风险点，及时把握和消除安全隐患。

信息系统安全运行考核是评价信息安全防护工作技能水平、质量、效果的重要衡量依据。电厂运用“目标管理”法，围绕日常信息安全防护要求开展工作，明确责任主体，与其绩效紧密挂钩，增强员工的使命感和责任感，并通过建立严密的自检、互检和上级抽检等内控手段，保证信息安全防护工作规范化、标准化。

电费回收是电力部门长期以来面临的重要课题。如何将非居民用户电费缴纳信息纳入银行征信系统，对电力企业、商业银行和用电客户具有十分积极的意义。

电费缴纳也应征信

嘉兴电力局　蒋燕　汤东升

电费回收是电力企业生产经营成果的最终体现，是电力营销中至关重要的一个环节。电价调整、国家宏观调控等内部、外部环境的变化，都会给电费回收工作带来诸多风险。如何有效地降低欠费风险，促进供电企业的可持续发展，是供电企业长期面临和必须解决的一项艰巨任务。

用电客户可以简单地划分为居民用户和非居民用户。非居民用户的用电量大，电费额度相应也大。以嘉兴电力局2010年电费为例，非居民用户的电费为191.79亿元，占总电费的93.31%，因此非居民用户电费收取的多少直接影响供电企业的经济效益。降低非居民用户的电费回收风险是供电企业电费回收工作中应该考虑的首要问题。目前，供电企业为降低非居民用户电费回收风险已采取了许多措施，如对电力大客户的电费实行分次结算、推广用电客户预购电费制度和定期向政府汇报电费回收状况以及用电客户拖欠电费情况等。

将非居民用户的电费缴纳信息纳入人民银行征信系统，对电力企业、商业银行和用电客户都会产生积极的作用。电力企业与商业银行实现信息共享，电力企业可以全面提高电力企业用户欠费风险防范能力，掌握客户生产经营动态信息，促进电力资金的回收，保障国家资产安全；商业银行可以提升信贷审批效率，提高信贷风险的防范能力；用电客户可以在今后的经济交往中享受到诚实守信带来的诸多便利和好处。

人民银行征信系统

征信，即“征之以信”，是专业化的第三方机构依法采集、整理、保存企业或个人信用信息，并为金融机构和个人提供信用报告查询服务的行为。人民银行征信系统就是这种第三方机构，它包括企业信用信息基础数据库和个人信用信息数据库，通过专线与商业银行等金融机构总部相连，并通过商业银行的内联网系统将终端延伸到商业银行分支机构信贷人员的业务柜台。截至2011年7月底，人民银行征信系统已经为7.9亿自然人和1790多万户企业建立了信用档案，对防范金融风险和进一步优化社会信用环境发挥了重要作用。

蒋燕：将非居民用电客户的电费缴纳信息纳入银行征信系统，降低供电企业的欠费风险的同时，也强化了用电客户的信用意识，为推动社会诚信体系的建设起到积极的作用。

电费缴纳信息纳入银行征信系统的意义

降低供电企业电费回收风险

供电企业定期将符合一定条件的用电客户报送给人民银行，纳入人民银行征信系统中。电费回收工作中，供电企业可向人民银行提出申请，要求提供相关用电客户的信用评价及其他工商、社保、税务、银行等相关信用信息，对信用较差的用户，密切关注其动态，及时做

征信，即"征之以信"，是专业化的第三方机构依法采集、整理、保存企业或个人信用信息，并为金融机构和个人提供信用报告查询服务的行为。

好他们电费预警和防范工作，确保电费回收可控、再控。

将电费缴纳信息纳入银行征信系统，可以进一步增强客户按时缴纳电费的意识，最大限度地降低电力企业的经营风险，促进电费回收环境的根本性转变，是确保电费回收的一项新举措。

为商业银行防范信用风险提供重要支持

人民银行征信系统已经与我国境内所有商业银行、政策性银行、信用合作社及其他金融机构连接，此外，与公安部、人力资源和社会保障部、住房和城乡建设部、质检总局等部门也实现了信息互联互通，可实现信息的多渠道核实和补充。查询征信系统已经成为商业银行信贷管理中不可或缺的一环，在贷前审批、贷后管理等各个环节中都具有重要作用。将非居民用电客户的电费缴纳信息纳入银行征信系统，扩大征信系统数据采集范围，为商业银行提升信贷审批效率和防范信用风险提供重要支持。

敦促用电客户珍惜信用记录

如果用电客户发生欠费后被记录到银行征信系统中，今后在银行贷款、办理信用卡业务时，将会受到较大的影响。因此，为珍惜自己的信用记录，用电客户必然会养成按时缴纳电费的好习惯。在当今社会，"信用"越来越受到全社会的广泛关注和重视，信用记录良好的企业和个人已经逐步感受到诚实守信带来的种种便利。目前，随着征信系统的逐步完善，信用报告的应用正向求职、租房等更多的领域拓展，正逐渐成为每个人的"经济身份证"，日益渗透到人们日常的经济活动中。

实施过程中可能遇到的问题和解决方法

银行征信系统并非是"诚信的黑名单"

征信系统的建立还处于起步阶段，难免会有争议。将电费缴纳信息纳入银行征信系统要先加强宣传，与用电客户充分沟通，得到客户的理解和支持。进入银行征信系统并非就是进入"诚信黑名单"，征信系统只是如实地记录客户的信用信息，不加任何主观判断地生成信用报告。信用信息基础数据库是信用状况忠实的"记事本"，它不会写上任何好与坏的评语。供电企业要广泛地做好宣传工作，使用电客户消除抵触心理。

纳入征信系统的用电客户应有充分的知情权

如果用电客户无意间欠费，其不良信用不应立即记录到银行征信系统中。电力部门应在相关措施正式实行之前，向所有用电客户提前告知相关信息。比如，通过张贴宣传海报、发放宣传材料、发送短信、电话通知、上门走访，以及向用电客户送达《催缴电费款通知单》、《欠费停电通知书》并经过用户签字确认等多种方式告知客户，充分保障用电客户的知情权。

确保纳入征信系统中电费缴纳信息的准确性和安全性

在信息共享过程中，电力企业和银行应采取必要措施，不断完善信息采集内容、格式及有关制度，对数据进行跟踪质量测试，并建立高效的异议处理规范和流程，当用电客户对信用报告中记录的信用评价结果存在异议时，供电企业应积极受理立即进行核实，核实结果应在规定的工作日内汇报人民银行，以保护用电客户的合法权益。在数据传输、储存和使用过程中应做好安全保密工作，依法保护用电客户的商业秘密、个人隐私和信息安全。

将非居民用电客户的电费缴纳信息纳入银行征信系统，降低供电企业的欠费风险的同时，也强化了用电客户的信用意识，为推动社会诚信体系的建设起到积极的作用。但是，电费缴纳信息纳入银行征信系统在我国还处于起步阶段，其发展过程必然会遇到不少的问题，需要各方共同努力逐步完善。

提升新员工的实际操作技能、实现从学生到企业员工的角色转换，成为当前供电企业新员工入职培训工作中需要重点解决的问题。对新员工入职培训采取“目标管理”的机制，以“师带徒”为载体，以岗位胜任能力为目标组织开展新员工入职培训，可有效保证培训项目的实施，保证培训质量，同时能有效激励新员工的积极性。

新员工入职培训全攻略

巢湖供电公司　张立刚

张立刚

新员工入职培训采取“目标管理机制”，就是根据企业对新员工入职培训的总体目标，在企业和员工的积极参与下，自上而下确定入职培训每一阶段的责任和具体分目标，并在培训实施中实行“自我控制”，自下而上保证目标实现。这种管理方法使新员工入职培训在每一个阶段都有明确的培训项目、内容、措施及目标，丰富“网络学习”内容平台，以“师带徒”为载体，将培训内容与企业发展目标紧密结合，引导帮助新员工更好地认识自己，提供学习发展的基本渠道，了解工作、学习和发展的基本平台，从而有计划地提升职业能力，把握和获得适合职业发展机会，初步具备职业生涯规划意识。

培训新员工了解供电企业的发展历史、企业文化、廉洁从业的氛围，认同供电企业的价值观和企业精神，理解并接受供电企业的管理理念和行为规范，树立为企业建功立业的坚定信念以及良好的职业习惯与职业操守。对企业发展历史与企业文化的认知，入职培训中学员通过视频教学片，掌握企业从建立到逐渐发展壮大的历程以及企业文化的演变。对新员工的廉洁从业意识则以展播党风廉政教育影片的形式进行教育培养。

培训新员工了解电力行业基本状况、相关规章制度、法律法规，了解供电企业的基本架构、电力生产流程以及生产经营情况，培养责任意识，帮助他们尽快熟悉和适应工作环境，此类培训主要以PPT教学为主。

培训新员工熟悉生产现场，掌握安全生产工作规程和基本安全技能，提高安全意识，树立安全观念。对新员工安全培训，集中授课学习安全规程，通过“Flash小影片”让新员工感受各类事故造成的危害，牢记遵守安全规程。

培训新员工熟悉相关岗位职责、工作任务和工作目标，了解掌握生产一线相应工作岗位的操作技能和规范化操作程序，尽快达到《国家电网公司生产技能人员职业能力培训规范》中相应职种的1级职业能力（相当于中级工）要求，此类培训以岗位技能实习为主。

培训新员工了解自身学习发展的基本渠道，了解工作交流、学习和发展的基本平台，使他们初步具备职业生涯规划意识。

基于以上培训内容设置的关键管理指标有8个，如表1所示。

表1　新员工入职培训关键管理指标

序号	关键管理指标
1	参培率100%
2	“培训协议”签订率100%
3	集中培训合格率为95%以上
4	安规网络考试合格率100%
5	培训效果评估良好以上
6	“师徒协议”签订率100%
7	培训结业合格率100%以上
8	不发生新员工培训安全事故

供电企业新员工实行“先培训、后上岗”的原则，分为参加网省公司级培训、供电企业集中培训两个阶段。

网省公司级培训主要是对新员工进行入职教育，加快新员工从学生到职工角色转变。

军训 4 天左右。目的是提高新员工体能素质、加强纪律性、增强团队协作意识。

入职教育 5 天左右。主要介绍电力行业基本状况与电力技术发展趋势、网省公司的发展历史、基本概况、企业文化、规章制度、法律法规、职业礼仪规范和员工职业生涯规划、主要生产工作流程、安全生产知识等，这些内容全部采用 PPT 集中教学。这些课程目的是了解企业文化、企业精神、规章制度、安全生产等，树立为企业建功立业的坚定信念。

现场观摩 2 天左右。在电力生产主要工作流程的重点工作现场进行学习、参观，主要是了解电力生产流程以及生产经营工作环境，培育责任意识和安全意识，由培训中心组织实施。观摩内容为参观单位的基本情况、主要职责、专业设备工具、专业工种及岗位主要工作流程（项目、标准、制度）、基本业务专业知识与业务操作技能知识要求、安全生产知识等。

供电企业根据新员工培训工作的总体目标及要求，组织制订企业新员工入职集中培训方案。方案由目标、对象、时间、地点、主要项目及方式、培训内容、步骤安排、组织机构和主要工作及职责、培训费用、评估与考核、措施等部分组成。培训方案起草后由企业分管理培训工作的领导审批，然后由企业人力资源印发各相关部门、单位组织实施，如下图所示。

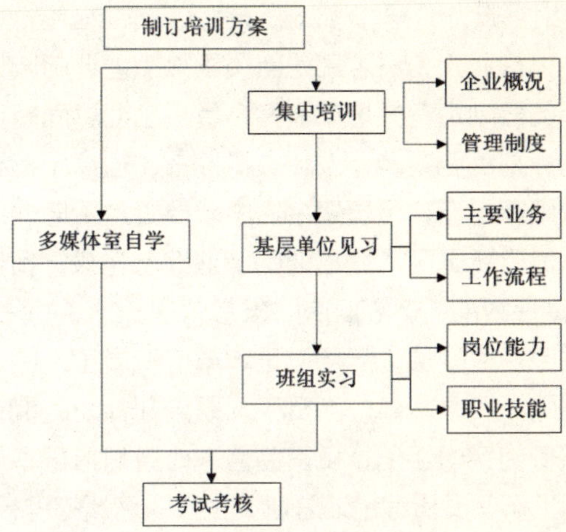

新员工入职培训基本流程图

供电企业新员工入职集中培训主要是开展企业入职教育培训、生产单位见习、班组实习。周末等业余时间，公司多媒体自习室定期开放，新员工可在多媒体教室通过远程网络教育平台对感兴趣的内容进行自学。

集中培训。主要介绍本单位基本情况及电网现状、单位沿革历史、企业文化、人力资源规章制度、员工职业生涯规划、安全生产知识等。由人力资源部组织本单位兼职培训师及各级专家进行 PPT 教学，或播放教学 Flash 影片。

基层单位见习。按新员工拟定的专业岗位（工种）组织培训，培训内容以《国家电网公司生产技能人员职业能力培训规范》为指南，主要培训电力系统变电、输电、配电、营销等核心业务流程，学习供电企业基本管理制度、安全生产工作规程、基本安全技能及基本的生产技能操作要领和方法。学员按专业工种分为若干小组，到生产单位工作现场见习生产操作过程，主要是了解电力生产流程、工作规程及管理制度，安全生产工作规程及专业基本技能等。

班组实习。新员工在供电企业的入职集中培训结束后，根据基层单位给每位新员工拟定的专业岗位，开始在分配的班组进行实习，并配备带教导师，签订师徒合同，制订培训计划，确定培养目标，并加强过程监督与考核，确保跟班实习效果。跟班实习重点是开展岗位能力培训、职业技能培训。培训内容以《国家电网公司生产技能人员职业能力培训规范》为指南，培训方式采取集中或分散，培训类别采取综合或专业，重点以“师带徒”为载体组织开展新员工入职培训。时间为一年左右。目的是使新员工尽快掌握本专业的基本技能，能够独立完成一般工作任务，达到本专业岗位的上岗条件。

多媒体室自学。公司定期开放多媒体室，除专业书籍外，设有教学计算机，新员工可在多媒体室开放期间自学，通过登录远程网络教育平台学习个人喜好的专业内容。远程网络教育平台包含丰富的课件，主要有管理类课件、电网类课件，也有安全生产、特高压建设、节能减排等内容，还有最新的智能电网、“十二五电网规划”等知识。

供电企业组建新员工入职培训工作领导小组，领导小组由企业分管理教育培训工作的领导任组长，成员由供电企业办公室、思政部、团委、生技部、安监部、营销部、人力资源部以及主要的生产营销基层单位组成。

领导小组下设办公室，办公室设在人力资源部。

供电企业人力资源部是新员工入职培训的归口管理部门，负责制定有关培训制度，负责企业层面新员工入职培训计划的制订及下发，负责监督、检查和指导新员工入职培训工作，负责综合汇总新员工入职培训的考核结果，负责新员工入职培训的结业综合考核，负责《新员工培训合格证书》的印制、发放管理。

供电企业基层生产单位是本单位新员工入职培训的管理部门。负责本单位新员工入职培训计划的制订，组织编写班组实习手册，负责监督、检查和指导本单位入职培训工作，负责综合汇总新员工入职培训的考核结果、工作总结等。

生产单位各班组是新员工入职集中培训的落实单位。它们为新员工培训提供支持，根据供电企业人力资源部门下达的新员工培训计划方案，落实集中培训期间的有关工作，按要求组织安排有关人员进行培训授课、见习辅导，编写见习教案、新员工班组见习手册等，尽量为新员工培训、实操观摩、现场实习等各环节提供必要条件。

为达到培训目的和检验培训质量，按照供电企业“培训项目质量管理办法”的要求及培训方案，各阶段培训项目（课程）完成后，要组织考试考核并进行小结；培训结束后，供电企业要组织新员工入职培训结业综合考核。

对新员工入职培训期间的考评，由企业入职培训工作领导小组组织进行，不定期对在培训中各阶段计划、措施的制订，程序的执行和考试考核工作等进行检查考评，分阶段组织培训班结业考试，对培训效果进行评估。如表 2 所示。

通过年度工作总结及采取定量方法进行统计分析，新员工入职培训参培率、新员工“培训协议”签订率、“师徒”合同签订率、新员工培训结业合格率均为 100%，没有发生新员工培训安全事故，达到了预期目标。新员工入职培训采用“目标管理机制”，在新员工中形成心中有目标、行动有动力、自我加压力、奋发向上的格局，为新员工提供了成长进步空间，夯实了职业发展的根基。

表 2　新员工入职培训考评指标

序号	考核对象	考核指标	目标值	评价标准
1	人力资源部	安规网络考试合格率	100%	每降低1%扣除培训费用总数的10%
		培训合格率	90%	每降低1%扣除培训费用总数的5%
		各阶段考核合格率	90%	每降低1%扣除培训费用总数的1%
		培训班效果评估	良好	达不到“良好”扣除培训费用总数的3%
		安全事故、责任事故	0	发生1起扣除培训费用总数的10%
2	基层单位	参培率	100%	每降低1%扣领导年度业绩的5分
		“培训协议”签订率	100%	每降低1%扣单位及教育培训专责人年度业绩的1分
		“师徒”合同签订率	100%	每降低1%扣单位及教育培训专责人年度业绩的1分
		培训结业合格率	90%	每降低1%扣单位及教育培训专责人年度业绩的1分
		安全事故、责任事故	0	发生1起扣单位及教育培训专责人年度业绩的1分
3	新员工	安规网络考试	合格	两次安规考试不合格，视同试用期不合格
		培训课程	合格	经补考不合格，不能颁发《新员工培训合格证书》，并延长培训期限
		综合考核	合格	两次不合格，不能颁发《新员工培训合格证书》，并延长培训期限
		出勤	95%以上	达不到不能颁发《新员工培训合格证书》，并延长培训期限
		纪律	无违纪	严重违犯者，不能颁发《新员工培训合格证书》，并延长培训期限
		安全事故、责任事故	0	主要责任者，不能颁发《新员工培训合格证书》，并延长培训期限
		新员工培训合格证	100%	没有取得《新员工培训合格证书》，企业将与其终止劳动合同

电力企业已经无法阻挡ERP的势头。然而如何对ERP进行评估，并未有统一标准。从体制创新、平等协作、企业文化三方面考量ERP，也不失为一种观点。

ERP评估三要素

浙江省电力公司　寿猛生

寿猛生

当前，ERP建设已是电力信息化的一个核心任务，持续推进ERP建设和应用，完全符合国资委“实现央企信息化向整个企业集成、共享、协同转变，建成集团企业统一集成的信息系统”信息化工作指示，但如何科学地评估国际先进成熟的ERP套装软件在电力企业的核心价值和应用成果，以及ERP的管理思想和理念对电力企业（集团）管理变革和创新的深层次影响力和推动力呢？

第一，ERP能否促使企业实现体制创新，即帮助企业建立一种新的管理体制，实现企业内部的相互监督和相互促进，并保证每个员工都自觉地发挥最大潜能去工作，使每个员工的报酬与他的劳动成果紧密相连，管理层不出现独裁现象。ERP作为一种先进的管理思想和手段，它所改变的不仅仅是某个人的个人行为或表层上的一个组织动作，而是从思想上去剔除管理者的旧观念，注入新观念。

上海电力公司大胆尝试将EPR流程设计理念体现在ERP系统中，以ERP为工具，支持企业的组织转变和流程变革。通过业务流程的梳理和优化重组，为上海电力的体制、机制和管理变革提供了蓝本，通过SAP又将这一蓝本固化为日常业务操作。上海电力公司通过ERP工程建设，充分体会到：“ERP系统是一个集中化管理模式的系统，它适应了当今企业从多层塔型管理到扁平化管理的发展趋势，是实现上海电力公司向三个中心转变的管理支撑和技术支撑。”通过SAP应用，上海电力公司的年度预算控制、电费和非电费的集中收缴和自动销根、工程项目全过程管理、资产管理（精细化管理，设备与资产的联动）等反映电力行业特点的功能优势得到充分体现。

大唐国际发电股份有限公司使用mySAP ERP，进行管理变革与创新，其“采购网”项目的建设，实现了总部、企业和外部供应商紧密地联结，对内实现与各企业的EAM产品(DataStream7i、MAXIMO等)无缝集成，对外建立起各企业之间和企业与外部供应商之间的枢纽通道，形成了沟通内外和上下的IT物流网络，大大提高了资金的利用率和经济效益。

第二，ERP能否在企业中构建一个平等协作的系统，即通过各应用模块间的集成和主数据共享使信息交流与沟通的平等化，在企业内部建立上情下达、下情上达的信息实时沟通有效的体系，保证上级及时获得作为管理和决策的准确信息，又能保证指令的顺利下达和执行。

浙江电力通过SAP BW数据仓库系统的应用来提升集团化、集约化管理手段，实现对各单位整体的监控，进行精细化管理。省公司决策层能够方便实时地掌握企业的宏观管理信息，如各地市局大额现金流量、工程项目财务报表等及横向比较，可以轻易得到预算执行情况、库存信息、资产负债率，为实现人员，物资，资金的在控、可控打下了坚实基础。绍兴电力局为了进一步实现精细化管理，通过SAP PM深化应用项目，充分利用PM的核心功能，发挥SAP模块间的集成优势，实现对检修、运行和维护成本的管理和分析业务需求要求。实现了所有与设备维护有关的业务处理都用PM订单进行管理，把维护工作发生的各类资源消耗、费用都进入订单，包括物料、人力资源、车辆、工器具等，对维护工作进行全方位的管理，积累维护工作信息。为管理层提供维护成本等各方面的分析手段，对维护信息进行充分利用，为企业节约成本、优化检修维护工作提供必要的信息和依据。不断扩展 PM 订单的应用，对订单类型进行重新规划，优化订单物料审批程序，将检修有关的人工成本、住勤补贴、车辆台班费等均进入订单。近 1000 个订单应用效果凸显，分 15 种类型，涉及修试、线路、运行、调度等部门，实现了对输变电大修项目费用和进度的管理控制，检修、运行工作的分专业工时、费用等信息的统计分析，以及检修人员各项活动时间的汇总比较，为领导分析、决策提供必要的信息，精细化管理成效显著。

深圳能源集团从未来发展战略来构建集团战略管控模式的 ERP 应用架构，运用商务智能一决策支持功能，来实现经营分析、财务分析、技改策略分析、设备机组维修策略分析、绩效分析、安全风险分析等。并实现 SAP 与电厂专业系统、外部审计、燃料监控、金融服务、其他 ERP 系统的集成。通过 SAP 财务管理、成本控制、物料管理、人力资源管理、项目管理、投资管理、设备维护、销售管理、质量管理、预算管理等模块，进行企业集团和各电厂、其他电网的业务管理和控制。

第三，ERP 能否影响企业文化的重新塑造，即更新企业经营者的管理理念，变革企业运作机制、主要业务流程和工作模式。

国家电网公司，从企业战略高度提出了“科学发展、创新管理，加快建设‘一强三优’现代企业，达到以效率和效益为中心来配置生产要素，坚持集团化运作和以集约化为取向，以经济效益为中心，不断强化精细化管理，加大资源优化整合力度，全面提升公司整体运营水平”的企业目标。国家电网公司管理链条长，所属企业多，如果缺乏 ERP 系统的支持，难以实现集团化运作、集约化经营和精细化管理，总部“三个中心”的作用也会受到限制。ERP 能解决目前系统内数据标准不统一、数据来源不一致、资源不能实现共享等一系列问题。ERP 可比喻为人的眼睛和耳朵，有了 ERP，企业才能做到“耳聪目明”，电网企业的集中化、集成化和标准化管理才有可能实现。国家电网公司从 2006 年开始谋化 ERP 建设，启动了 SG186 工程，至今已在国网总部、直属单位、所有省市公司全部部署了 SAP 应用，实现了下级 ERP 系统与总部 ERP 的集成，实现整个电网企业资源的整合和优化配置，提升了整体效益，增强了经营掌控能力。

申能股份暨上海外高桥第二发电有限责任公司 ERP 项目，从控股公司到电厂成功实施涵盖主要业务模块的全面解决方案，是公司从分散管理向集团集约化管理、从本土发展模式向区域化、国际化发展模式改革转变的重要环节，项目积极推动了在申能本部包括战略规划平台、资金财务平台、人力资源平台、技术共享平台和物资燃料采购平台五大共享平台的形成，最终实现集中化、标准化、集成化的目标。

是否推进 ERP 建设，并不完全取决于技术、资金、软件功能，而取决于企业自身的主体意识，即企业高层能否理性地从企业战略发展高度来理解 ERP 建设的目的和意义，能否主动接受 ERP 的现代管理理念并下决心改变传统、粗放管理的现状。另外，对已实施 ERP 的电力企业来说，能否持续推进电力企业 ERP 建设，深化应用，巩固成果，也是摆在企业面前的一道坎。在这方面，国家电网公司成功地走在了行业前列。

波兰眼科医生柴门霍夫（Lazarz Ludwik Zamenhof）于1887年发明了世界语。物资编码标准化类似于这种唯一的“人造语言”，实现其目标的过程也是解决如何与“民族语言”和平相容的过程。

解决物流信息标准化的关键

河北定州发电厂 商威

商威

大型企业在物资采购和管理方面，面临着资源分散、信息延时、监管不细等诸多问题，使总部无法及时掌握各分公司的业务，难以避免漏洞，无法发挥资源优势。信息化的发展带动了电子商务、物联网和数码仓库物资联储的推广应用。物流信息标准化是解决数据孤岛、物资孤岛的第一步，而建立物资编码的标准化体系成为建设数码物流系统的基础环节。

许多大型、特大型企业在物流信息化的建设过程中，对信息分类编码标准化作用认识不足，往往只重视系统硬件的配置和软件的开发，而对信息表示方法却没有重视。各职能部门和下属分支机构对信息的命名、描述、分类和编码等工作，完全按照自己的需要和习惯进行。分类编码目录内容较乱，互不兼容，无法进行信息的共享，很难满足现代化信息管理的要求。

物资编码存在的主要问题

物资编码缺乏编制规范，没有唯一的描述和名称控制。由于各部门人员对物资的不同理解，对同一物料的称呼和描述不一样，往往对同一物料以不同的名称上报给采购部门，造成一物多码或多物一码的情况，而采购人员对物料不是特别了解，就可能出现错买、漏买、重复采购或者所购之物非所需之物等问题，甚至由于物料编码的不统一，采购人员往往不知道该采购何种物料，最终导致计划混乱，资金浪费。

对某类物资的计量单位不统一。如钢管，有的部门用米做单位，有的以吨做单位，采购人员需要进行换算后才能执行，大大浪费了采购人员的时间，降低了工作效率。

企业物流信息化建设管理面临的主要问题

企业内业务环节多，沟通协调难度大。由于物资具有流动性，从设计选用、需求计划、采购管理，直到供应商组织生产、下厂监制、配送、库存管理到使用全过程，都要进行跟踪。而企业物资标准不统一，无法形成打通各部门的公共统一的物资信息标准，单位内部无法做到对各个环节进行跟踪管理。在进行对账、质量问题复查等需要各部门协同工作时，产生大量的对照工作量，给物资业务正常开展造成困难，将物资工作变成烦琐的事务性工作，物资人员成天忙于核对各方信息的规范和准确，难以在管理和业务上有所作为，陷入恶性循环。

企业内外信息不畅。在物资业务过程中，根据业务性质的过程，需要与供应商打交道，向上级领导机关汇报情况，关联单位内的物资调拨，必须在各个单位之间统一物资标准，才能更好地沟通。没有标准，各企业间语言不通，难以沟通，更谈不上业务协同了；相关领导层也无法实时、准确地获得相关数据，难以科学决策。

维护代价大。物资信息是随着物资管理信息化建设不断变化的，需要动态维护。各单位物资信息标准不统一，各自分头建设，标准维护工作量大、难度大，难以相互匹配。

难于进行集约化管理。各单位基础物资标准不统一，不仅仅重复工作，降低了工作效率，而且也丧失了物资业务进一步协同的机会，难以形成集团的集约化管理。

供应链系统无法发挥作用。由于标准缺失或不统一，难以形成一整套物资选用信息标准，各厂家各行其是，加上各个单位在总体需求上缺乏综合考虑，导致信息标准混乱。各类汇总、库存、配送等功能都是在信息标准的情况下才能发挥作用，标准缺失导致软件空有功能，难以使用。这样就将物资工作变成烦琐的事务性工作，物资人员成天忙于核对各方信息的规范和准确，难以在管理上有所突破。

信息标准化是信息化建设的必然趋势

标准化是事物发展规律决定的

标准化是以科学的方法、技术和经验的综合成果为基础，以促进最佳的共同效益为目的。它是为在一定范围内获得最佳选择，对现实问题或潜在问题制订共同使用和重复使用的规范的活动。因此，当信息化的相关科学、技术发展到一定程度，信息化发展就会面临新的瓶颈，而消除这个瓶颈的唯一出路就是信息标准化。

信息标准化是由信息化的使命决定的

信息化的最重要作用就是信息共享，消除信息孤岛，改变信息不对称的状况，帮助决策者全面掌握生产经营信息以辅助决策，帮助中层管理者掌握本部门内部和上下游业务信息，实现业务协调，把握市场机会，提高业务链的整体运行效率。在信息高速公路上有了标准化，就有了共同语言。

现代化科学管理的要求

在工业社会中，信息分类和编码是提高劳动生产率和科学管理水平的重要方法。美国新兴管理学的开创者莫里斯库克说："我们只有学会了分类和编码，学会了标准化，才会有真正的科学管理。"在信息技术迅猛发展的今天，国际互联网、公用数据网、行业网络、地方网络、企业网络发展很快，网上信息数量呈爆炸性增长。只有实现了信息标准化，才能有效地进行信息交换、共享、统计和分析，形成决策依据，促进科学管理。

物资编码标准化是信息标准化的关键

在企业信息系统的数据中，主要包含三种信息——人、财、物，物是把人和财联系起来的桥梁，因此最重要的一部分数据就是物资编码。物资管理工作涉及企业的方方面面，物资编码不仅贯穿了企业的各个环节和部门，而且涉及众多外部单位。除了与供应商日常工作沟通外，物资管理部门还要与上级主管机关、相关检测机构和兄弟单位保持联系，尤其是某些集团实施部分物资集中采购后，业务流程被几个单位拆分开，信息沟通显得更为重要，而沟通的依据就是物资编码。物资编码是企业内部以及企业之间贸易交流的标识，畅行信息高速公路的"通行证"。由此可见，只有实现了物资编码的标准化才能实现信息的标准化。

物资编码标准化解决方案

一个完善的物资编码标准化体系应该由标准、信息系统、编码管理机制、编码监督机制组成，以此提升基础管理能力，再辅以体制变革，才能使物资标准化体系有效地走上正轨。信息化手段可以有力地支撑由分散到集中所面临的问题，信息技术的应用也为建立新的物资管理模式提供了基本保障，使得物资管理部门更好地为企业生产经营服务。

制订一套公司统一的物资编码原则，并形成编码标准，在企业范围内颁布实施，从而做到有"法"可依。在制订标准过程中应遵循如下原则：

符合专业性原则。满足物资管理的基本需求，定义规范的品名、规格、材质等描述项。

符合数据集中和共享原则。满足财务、项目、生产、设备等相关业务要求。

符合计算机软件实现中效率最好的原则。信息的分类编码体现科学化、标准化、规范化、实用化原则，保证编码的唯一性、可扩展性、方便性。

符合标准化原则。在企业内部满足集中采购、存储、调度、考核、分析的基本管理需求，同时必须充分考虑长远规划，符合国内物资数据交流规范，执行国际标准、国家标准、行业标准。

符合兼容性原则。适当考虑企业历史上的沿用习惯，以保持企业生产活动的延续性，也有利于数据的准备工作。

信息化作为业务工作中的日常工具，对标准贯彻有着决定性的影响，通过日常业务工作和信息服务，可以将物资标准固化到业务系统中，让业务人员在工作过程中自觉自愿地贯彻标准，做到有"法"必依。单纯地搞物资标准查询系统，难以带动企业人员的积极性，但通过建立公共基础信息库，将物资标准、技术规范、技术文件、供应商信息、质量信息、成本信息等综合起来，形成信息服务能力，自然会带动标准工作的贯彻。在标准贯彻初期，企业通过信息化手段对业务信息强行进行规范和校验，也可以帮助企业快速固化相关标准。

另外，要形成编码管理机制，包括编码的申请、维护、颁布、修订管理流程，严格执行，做到执"法"必严。有了标准、系统、制度，还要有一套完备的标准实施的监督机制，做到违"法"必究，为标准化保驾护航。

“信息化运维等同于发电设备日常消缺”，如果能认识到这一层，信息系统的作用方能发挥出应有的效用。其次才需要“安全稳定、架构合理、功能完备，标准规范”的信息系统维护体系。

日常运维影响信息化的功效

安阳供电公司　张歆艳　周慧珍

张歆艳

随着国家电网公司信息化SGI86工程建设、应用的不断深入，信息系统已经融入到了电网企业生产经营的各个环节，成为其中不可或缺的组成部分。信息化不再仅仅是生产经营的支撑，而是保障企业安全生产的重要因素。信息系统作为企业生产经营全过程管理的服务支撑系统，是企业实现发展战略的基石。信息系统建设完成以后，是否能将信息系统的作用完全发挥出来取决于信息系统维护工作效果，需要建立“安全稳定、架构合理、功能完备，标准规范”的信息系统维护制度和运维综合监管平台，如图1所示。

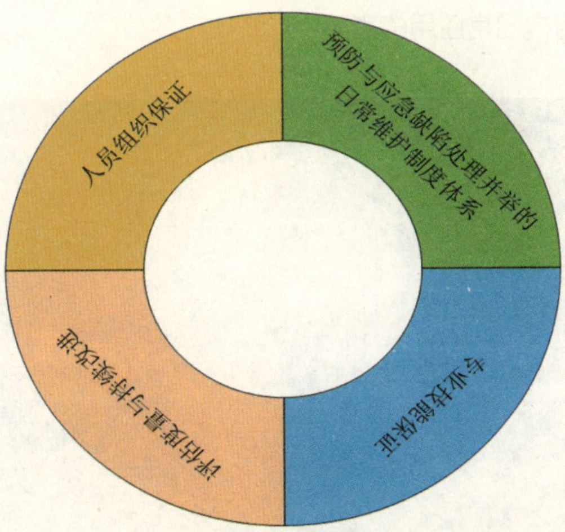

图1　运行维护保证体系

对于信息系统运行维护来说，主要目标是保证重要业务系统的不停机运行，重要业务系统的数据不丢失，业务系统客户端软件正常运行，重要业务系统的系统安全。

安阳供电公司的信息运维工作主要通过桌面终端标准化管理系统对服务器及用户计算机的监控和解决障碍。它包括三方面内容：一是硬件设备的监控，查看设备的配置数据和实时性能数据，判断运行状况，记录设备的历史变更情况和历史性能数据，形成历史库；二是平台软件的监管，主要获得软件当前运行情况；三是网络监控，主要查看网络当前的通断情况、链路当前负载、流量等数据，记录历史流量数据，形成历史库。

桌面终端标准化管理平台涵盖实时管理、闭环管理、精益管理、战略管理四部分，是为了建立一个稳定、高效、灵活的信息系统运行和维护管理体系，提高信息系统运行效率，提高服务质量，降低运营的成本，为公司业务应用正常运行提供有力支撑。

实时管理用于实时掌握运行情况，及时发现故障与异常，并迅速定位，尽快解决，如入侵、病毒等安全问题及安全隐患，并根据运行分析和安全分析，调整安全运行策略，提高系统运行效率和安全性。

闭环管理要通过流程保证故障、异常、隐患由合适的人采用合适的方式闭环处理，目的是促进巡检和变更工作的标准化、规范化，借助考核数据提高运维质量和运维效率。

精益管理通过丰富完善的信息图档资料，为运行维护工作提供直观准确的基础数据，分析信息基础设施的运行负荷，制订合理的资源调配方案，避免因维护工作中的疏漏带来人力和资金的浪费。

战略管理用于优化现有的信息基础设施的运行性能，提升系统安全性，降低安全风险，预测并计划信息基础设施的需求，考核并不断提升服务水平。

为保证信息管理工作流程正常运行，安阳供电公司科技信息部制订了一系列信息运维管理制度，对服务时间、基础设施维护、故障处理流程、关键节点、记录形式、行为规范等做了详细规定，要求运维服务人员做到事事有记录、事事有反馈、重大问题及时汇报，严格按照服务工作流程操作。如表 1、图 2 和表 2 所示。

表 1　　服务响应时间

故障级别	响应时间	故障解决时间
I级：属于紧急问题；其具体现象为：系统崩溃导致业务停止、数据丢失	30分钟，2小时内提交故障处理方案	12小时以内
II级：属于严重问题；其具体现象为：出现部分部件失效、系统性能下降但能正常运行，不影响正常业务运作	30分钟，2小时内提交故障处理方案	24小时以内
III级：属于较严重问题；其具体现象为：出现系统报错或警告，但业务系统能继续运行且性能不受影响	30分钟，2小时内提交故障处理方案	48小时以内
IV级：属于普通问题；其具体现象为：系统技术功能、安装或配置咨询，或其他显然不影响业务的预约服务	30分钟，2小时内提交故障处理方案	5天内

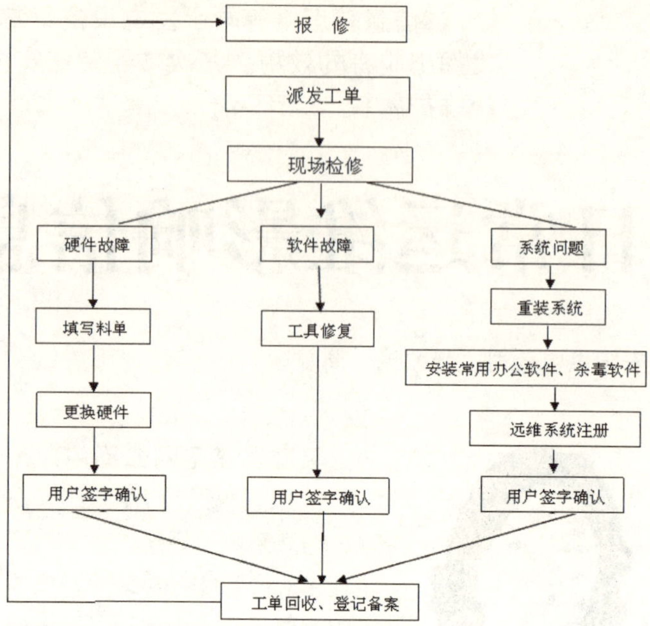

图 2 故障处理流程

表 2　　关键节点

关键节点	内容说明	岗位	控制方法
确定故障类型	发现故障并确定故障的类型，级别	运行管理	设备如有保修合同，可以找那个厂商保修；如没有保修，需要抢修的进入设备抢修流程
开具工作票	根据故障情况填写工作票	运行管理	确定是否在线更换，按照流程向运行处长上报
故障处理验收	设备维护厂商进行设备零件的更换和故障处理，确认运行正常	运行管理 设备维护厂商	在PM中记录相关信息

在应对突发事件方面，安阳供电公司科技信息部根据长期以来的客户服务工作经验，建立了常用知识库，其中包括多种常见技术故障和突发事件的应急策略，同时制订了详尽应急处理预案，整个流程严谨而有序。当获悉出现突发事件时，技术支持人员可以立即从知识库中获取相应的应急策略，并综合用户方的具体情况，给出相关解决方案，在第一时间以电话、邮件支持或现场服务的方式帮助用户解决问题，尽最大努力减小突发事件对用户日常应用的影响。

安阳供电公司电力调度大楼

理论上几乎每种介质都可以传输信息，但未必都能变成现实。用电力线做媒介实现信息传输已经有十多年的研究和实验，也有成功的案例。它优势明显，也存在不足，但作为一种趋势，或许会有辉煌的明天。

电力线上网分析及展望

河南省光山县电业局　邹庆刚

邹庆刚

电力线上网(Power Line Communication，PLC）利用现有配电网低压线路，把数据信号加载于电力线进行传输，接受信息的调制解调器再把信号从电流中解调出来，即将电力网变成电力线通信网，将电源插座变为信息插座，终端用户只需插上电源插头，就能实现数据、语音、图像等多媒体业务信号的高速传输。

电力线上网是以电力线路为传输通道，充分利用现有的配电网络基础设施，可以节省巨大的新增投资，投入成本低。PLC 产品传输速率已达到 200Mbps，远远高于拨号上网、ISDN 和 ADSL，足以支持现有网络上的各种应用。

电力网是覆盖范围最广的网络，它的规模是其他任何网络都无法比拟的，PLC 可以轻松地渗透到每个家庭，实现远程水电气等的自动抄表；构建防火、防盗、防有毒气体泄漏等保安监控系统以及医疗救护系统，为互联网的发展创造极大的空间。

便捷安全，永远在线。PLC 属于“即插即用”，不需要烦琐的拨号，接入电源插座就等于接入网络，实现集数据、语音、视频以及电力于一体的“四网合一”。在室内组网方面，各种智能控制设备都可通过普通电源插座，由电力线连接起来，高速共享 Internet 网络资源。

电力线上网对容量有限制，发展到一定规模就会被自身技术制约。若小区统一配电箱下的终端大量增加，就会出问题，不太适合高密度居住环境；使用电力线入网在信息安全性、抗干扰性以及传输距离等方面，暂时不如专门的数据线传输；由于没有自己的骨干网，只能租用其他运营商的网络，目前 PLC 还不能提供专业的电信服务，缺少市场支撑。城市小区的宽带市场已基本被瓜分，而新建小区一般配有专门入户的数据线，家庭选用电力线接入的可能性甚微。

目前，我国已自主研发出新一代 200M 的电力线通信产品，接入解决方案使电力线上网更加稳定、通畅，更具竞争力。新一代 200M PLC 产品可在低压电力线上实现宽带通信，可支持如 VOIP 业务、宽带上网、家庭内组建局域网、视频和音频服务、视频会议、信息电视、网络游戏等通信业务。

此外成功解决了信号衰减、电磁干扰、传输距离相对较短等难题，使电缆实际应用长度达到 700 米。新产品接入的频段、带宽模式可以自主调节，降低了其他频道信号干扰的可能，增强了 PLC 产品应用的灵活性。全新 200Mbps PLC 实现数据的加密传输(DES/3DES) 技术，使用户上网更加无忧无虑。

目前，我国拥有全世界长度排名第二位的电力输电线路，用电用户已愈 10 亿，大大超过 3 亿电话用户。随着具有国内自主知识产权且适合我国国情的高达 200M PLC 产品的推出和开始进入商用，不但增加用户上网的选择，同时也增强电力通信应用的市场竞争力，加快电力线上网进入宽带市场的步伐。

电力线上网技术的应用，在全球范围内都是一项挑战。受技术上成熟与否、新接入服务商与传统电信运营商对用户的争夺、用户的认可度等因素影响，电力线上网长期未成为主流。但电力线上网作为一项新技术、一种新选择、一个新生事物进军宽带市场，必然会推动整个宽带产业的发展与繁荣，电力线上网将实现真正意义上的全球互联。

CDM：新能源推进器

中电投郑州燃气发电有限公司　李博　张宏伟
郑州电力高等专科学校　乔凯

李博

1992年，联合国环境与发展大会签署了《联合国气候变化框架公约》（以下简称公约），经全球191个国家批准后，于1994年正式生效。1997年，公约缔约方在日本京都签署了《京都议定书》（以下简称议定书）。议定书于2005年2月16日经55个国家批准后生效。

议定书确定所涉及的温室气体包括：二氧化碳、一氧化二氮、氢氟碳化物、全氟碳化物、六氟化硫、甲烷。本议定书为实现控制、减少温室气体排放制订了具体的实施措施，即议定书附件一中35个发达国家在2008—2012年（第一个承诺期），须将温室气体排放总量较1990年排放量下降5%。同时，议定书还建立了为温室气体排放量赋予经济价值的体系，确定了为帮助35个发达国家以最低经济成本完成减排和买卖减排量的三种灵活市场机制，即排放交易（ET）、联合履约（JI）和清洁发展机制（CDM）。

清洁发展机制，是一个基于项目的减排机制。发达国家通过资金和技术与发展中国家进行项目合作，将项目所产生的“核查核证减排量”用于履行议定书下所承诺的减少温室气体排放量的义务。通俗的讲就是发达国家支付相应资金购买发展中国家CDM项目产生的减排量，用于履行其减排义务，以较低的成本实现减排义务。CDM是一套各方面共赢的选择，这套机制给予发达国家一些履约的灵活性，使其以较低成本履行义务；也让发展中国家在协助发达国家实现减排的同时，获得发达国家的资金和技术，促进自身的可持续发展。对全球而言，温室气体排放量得到了控制和减少。

清洁发展机制（CDM）作为一套国际间的合作机制，每个CDM项目的实施和管理，既涉及商业合作，还涉及不同国家不同政府机构审批及国际机构审核等多个行政审批、审核程序。复杂的机制运转规则，烦琐的审批、审核程序决定了每个CDM项目的实施和管理工作极为繁重和艰难，审批、审核通过的成功率不高。通过了解郑州燃气发电有限公司CDM项目，可以对国内数百个CDM项目成功案例一叶知秋。

中电投郑州燃气发电有限公司

郑州燃气发电有限公司拥有运营的郑州燃气电站项目属于 CDM 既定的适用行业、领域之内，并且符合 CDM 相关规则规定。在遵循 CDM 各项规则的前提下，通过申请、审核、登记等环节，成功注册了 CDM 项目。通过三个监测期的减排量监测、核查核证、签发等工作与项目合作方完成了各期减排量的交付和款项交易工作。实践证明，CDM 充分发挥了其扶持企业生存、提高市场竞争力的作用。郑州燃气发电有限公司通过出售郑州燃气电站 CDM 项目运营所产生的温室气体减排量，从而获得英国道达尔燃气发电有限公司支付的购买款项，为企业克服经营困难提供了有力支持，为企业持续经营和发展提供了一定基础。

CDM 基本概念及过程要点

CDM 构成

CDM 作为一种机制，包含了多个方面的内容，如机制参与者、CDM 项目注册流程、监测、核查核证、减排量签发等。

CDM 涉及的众多参与者包括：项目所有者（核证减排量卖方）减排量、技术咨询机构、项目所在国政府 CDM 主管部门、项目合作者（核证减排量买方）、项目合作者所在国政府 CDM 主管部门、指定经营实体（核查核证机构）、联合国 CDM 执行理事会、其他利益相关方。

项目所有者是指对具有 CDM 项目注册潜质的项目拥有所有权的实体。项目所有者对 CDM 项目产生的核证减排量拥有所有权，并可通过出售核证减排量获得收益。但是，不同国家对于项目所有者有着不同的界定，以中国为例，只有超过 51% 股权（所有权）属于中国的企业才有权作为项目所有者，开发并实施中国的 CDM 项目。

技术咨询机构指受项目所有者委托，向项目所有者提供技术咨询、服务，并协助项目所有者完成项目注册、减排量核证及交易等环节工作的机构。前期，国内该性质机构以民营机构为主。但现阶段，各大发电集团均成立了各自的专业机构负责此方面工作，如中电投集团的电投（北京）碳资产管理公司等。

CDM 项目合作者也就是核证减排量的买家，是必须履行减排承诺，但没有能力或意愿在其国内完成减排承诺的机构。买家可以是企业、政府机构以及公共或私有碳基金。

政府 CDM 主管部门又被称为指定国家主管机构（DNA），指依照各国法律及国际 CDM 规则，负责对 CDM 项目实行批准程序的政府部门。在我国，指定国家主管机构是国家发展和改革委员会，由其负责国家 CDM 项目的审核和批准。项目合作方（买方）CDM 主管部门则负责审批买方作为项目合作方参与、购买核证减排量的合法性和有效性。

指定经营实体（核查机构，DOE）在 CDM 规则程序中扮演着重要的角色。它是获得 CDM 执行理事会认证合格，被执行履行审核职能的经营实体。它负责请求和实施 CDM 项目、核查减排量的真实性、向联合国 CDM 执行理事会提出申请审核核证减排量。它是一个独立执行相关工作的实体，对联合国 CDM 执行理事会负责。

联合国 CDM 执行理事会（EB）是监督 CDM 机制运转、管理 CDM 项目的机构。其权力包括：审核批准 CDM 项目、审核批准减排量。也就是说，执行理事会审核批准后才能成为 CDM 项目，项目产生的核证减排量经过其审核、签发后才具有履行减排承诺以及进行交易的价值。

CDM 项目在实施过程中，将不可避免地涉及其他一些利益相关方，如项目所在地地方团体、中央和地方政府部门、商业合作伙伴等。按照 CDM 规则要求，CDM 项目必须在环境保护、促进经济发展、改善当地人民生活等方面发挥积极的推动作用。所以，在 CDM 项目注册过程中，利益相关方的意见将起到决定性的作用。

CDM 注册流程要点

CDM 项目注册流程大致包括：项目设计、政府 CDM 项目主管部门审核、指定经营实体 CDM 项目合规性审定、联合国 CDM 执行理事会审核／注册等环节。

项目设计应分为两个步骤：项目识别、项目设计

所谓项目识别就是对一个项目是否可成为 CDM 项目通过五个角度进行初步的判断。一是项目类型。CDM 项目主要分布于高效洁净的发电技术及热电联产（如天然气—蒸汽联合循环发电，超临界燃煤发电），生物质能、风力、太阳能发电及小水电，城市垃圾焚烧和填埋气甲烷回收发电供暖，煤矿煤层甲烷气的回收利用，氟化气体回收减排项目，高效低损耗电力输配系统，燃煤工业及民用锅炉窑炉，高耗能工业设备和工艺流程节能改造（钢铁、石化、建材工业等），电力需求侧管理，工业通用设备节电改造，城市建筑节能示范项目、节能建筑设计、建筑能源系统优化，城市交通节能示范项目，植树造林和再造林等领域。二是项目所处阶段。CDM 项目在申请时必须是未建成运行的项目，已建成运营的项目基本不符合 CDM 项目要求。三是项目建设必须得到相关部门的批准。四是项目必须通过环境评价报告。项目必须已通过权威机构给予的环境评价，以证实该项目是清洁能源项目，并且该项目的实施可以促进项目所在地的可持续发展。五是项目建设是否面临障碍，障碍来源于技术或资金。

项目设计的核心就是编写项目设计文件（PDD），设计文件主要包括 CDM 项目描述、基准线方法学、项目信用期／计入期、额外性、环境评价、利益相关方意见、监测计划七个方面内容。其中方法学、额外性、监测计划尤为复杂和重要。

基准线方法学，也可称为项目基准线的设定方法。基准线描述了没有此项目的排放情景，即在不存在此项目的情况下，当地温室气体排放状况，它是计算项目减排效果的标尺。

额外性，按照规则描述“由于 CDM 项目活动从而使温室气体源人为排放量减至低于不开展此项目情况下会出现的水平，此项目具有额外性”，简而言之，温室气体的减排量无法在不存在此项目的情况下实现。每个“潜

郑州燃气发电有限公司通过出售郑州燃气电站 CDM 项目运营所产生的温室气体减排量，从而获得英国道达尔燃气发电有限公司支付的购买款项，为企业克服经营困难提供了有力支持，为企业持续经营和发展提供了一定基础

在”的 CDM 项目在注册成为 CDM 项目之前，都必须证明其确实存在额外性。但是，由于额外性的定义过于“抽象”。所以，执行理事会提供了四个工具（四个方面）由项目所有者选择以论证项目的额外性，包括排放方面、资金方面、投资障碍、技术障碍，其中郑州燃气发电有限公司 CDM 项目选用的工具是投资障碍。

投资障碍，指从投资者的角度看“潜在”CDM 项目在不考虑项目的减排量交易效益时，其投资收益不如基准线项目（同行业商业投资主流项目），它不具备投资吸引力。为了衡量、比较基准线项目和“潜在”CDM 项目吸引力，需使用某些指标，经常被采用的财务性能指标包括：内部收益率、投资回收期、净现值等。

执行理事会审核／注册，指执行理事会在接到指定经营实体递交的申请后，对项目进行审核，将项目正式认可为一项清洁发展机制项目，并进行登记、注册。在 CDM 执行理事会收到注册请求之日起 8 周内，如果没有 CDM 执行理事会的 3 个或 3 个以上的理事和参与项目的缔约方提出重新审查的要求，项目会自动通过注册。如果该项目被 CDM 执行理事会驳回，企业可以进行修改，修改后再重新提出申请。

登记注册成为 CDM 项目后，项目就具备了产生温室气体减排量的资格。为了确定减排量，必须对项目的运转过程进行监测。监测数据包括计算项目自身排放量、基准线排放量所需数据。按照监测计划收集、保存确定减排量所必需的所有数据和信息。同时，监测数据必须符合质量要求，保证数据的真实、可靠、连续。项目监测过程必须符合经批准的监测计划，任何变动和更改必须经指定经营实体审定、执行理事会批准。

郑州燃气发电有限公司 CDM 项目轨迹

郑州燃气发电有限公司运营的燃气—蒸汽联合循环发电项目具有高燃料成本、低排放的特点，符合申请 CDM 项目的基本要件。2006 年年底，郑州燃气发电有限公司将 CDM 项目定位于一个“双边”项目，开始申请注册 CDM 项目的相关工作。经过国家各项目部门批准，项目在建设前、建设中、建成后均经过国家环境保护主管部门的环境评价。郑州燃气发电有限公司 CDM 项目选用的工具是投资障碍，采用内部收益率指标进行论证。经过论证，项目在没有考虑 CDM 减排量交易收益的情况下，项目内部收益率仅能实现 6% 左右，低于国内电力行业发电项目最低 8% 的内部收益率，不具备投资吸引力，而考虑 CDM 减排量交易收益的情况下，项目内部收益率可实现 8%，具备投资价值。这一论证结果，证明了郑州燃气发电有限公司项目具备 CDM 额外性。

2007 年郑州燃气发电有限公司 CDM 项目获得了中国政府、英国政府出具的正式的 CDM 项目批准文件，2007 年 7 月 31 日与英国道达尔公司签订了《核证减排量买卖合同》，确定双方合作进行 CDM 项目运营。在通过履行一系列的法定程序审批之后，于 2008 年 2 月 22 日正式注册为 CDM 项目。

自注册日起至 2009 年 11 月底，郑州燃气发电有限公司 CDM 项目先后已完成三个监测期（2008 年 2 月 23 日至 4 月 30 日、2008 年 5 月 1 日至 2008 年 12 月 31 日、2009 年 1 月 1 日至 2009 年 11 月 30 日）的减排量监测及计算、核查核证、签发工作。

CDM 项目温室气体减排量的计算

如何才能得到客观、准确的项目温室气体减排量？首先，根据国家发布的权威数据，按照本区域效率较优项目的排放能力计算得出一定时期内，郑州燃气发电有限公司项目的可排放量（基准线排放量）；其次，再根据监测得到的项目运转的各项数据，计算出同期郑州燃气发电有限公司项目运营实际产生的温室气体排放量；最后，基准线排放量与项目实际排放量的差值，就是项目在一定时期内的减排量。

减排量 = 基准线排放量 − 项目排放量 − 泄漏（其中，项目排放量 = 燃料消耗量 × 项目电厂排放因子）

项目电厂排放因子 = 燃料低位热值 × 此燃料排放因子 × 氧化率（天然气燃烧氧化率为 100%）

基准线排放量 = 基准线排放因子 × 项目净上网电量

基准线排放因子（容量边际排放因子 BM）= 火电排放因子 ×（新增火电容量／新增总容量）

火电排放因子 = 燃煤排放量权重 × 燃煤电厂排放因子 + 燃油排放量权重 × 燃油电厂因子 + 燃气排放量权重 × 燃气电厂排放因子

各类型电厂排放因子 =3.6/ 电厂供电效率（电厂供电热耗）/10000 × 电厂燃料排放因子 × 氧化率

现以 2010 华中电网区域基准线排放因子 BM 为例计算项目温室气体减排量。

第一步，全国各类型电厂排放因子

联合国政府间气候变化专门委员会公布的各燃料排放因子为原煤 87300 千克 CO_2/ 太焦（千克 CO_2/ 太焦）、燃料油 75500 千克 CO_2/ 太焦、天然气 54300 千克 CO_2/ 太焦。

根据 2008 年中电联数据，燃煤机组供电煤耗最低的前 30 台机组平均供电煤耗为 314.35 标煤克 / 千瓦时，供电效率 39.08%，燃机（燃油和燃气）机组商业化最优效率为 200MW 联合循环机组，供电煤耗 238.74 标煤克 / 千瓦时，供电效率 51.46%。

据此可计算出燃煤电厂排放因子 0.8042 吨 CO_2/ 兆瓦时，燃油电厂排放因子 0.5282 吨 CO_2/ 兆瓦时，燃气电厂 0.3799 吨 CO_2/ 兆瓦时；

第二步，计算华中电网各类型燃料排放量权重、火电排放因子

在《中国能源统计年鉴 2009》中，2008 年固体燃料排放量权重为 98.34%，液体燃料排放量权重为 0.18%，气体燃料排放量权重为 1.48%，可算出火电排放因子 = 0.8042×98.34%+0.5282×0.18%+0.3799×1.48%= 0.7974 吨 CO_2/ 兆瓦时。

第三步，计算新增容量结构、基准线排放因子

由《中国电力年鉴 2007—2009》可知，2006—2008 年，华中电网新增容量 53534 兆瓦，其中火电新增 30500 兆瓦，水电新增 23005 兆瓦，风电新增 29 兆瓦，新增火电容量 / 新增总容量 =56.97%。

基准线排放因子 = 火电排放因子 × 新增火电容量 / 新增容量 =0.7974×56.97%=0.4543 吨 CO_2/ 兆瓦时。

CDM 项目各监测期指标计算

由于电力行业的不断发展，电力装机结构、发电机组效率的不断变化，基准线排放因子也在不断地发生变化。郑州燃气发电有限公司项目已完成的三个监测期所采用的基准线排放因子分别为第一监测期 0.6758 吨 CO_2/ 兆瓦时，第二、第三监测期 0.5802 吨 CO_2/ 兆瓦时。最新的基准线排放因子为 0.4543 吨 CO_2/ 兆瓦时，总体呈现下滑的态势，并且下滑的幅度逐步增大。

三个监测期净上网电量分别为：423986 兆瓦时（第一监测期）、1395642 兆瓦时（第二监测期）、1765275 兆瓦时（第三监测期），所以三个监测期基准线排放量分别为：286529.68 吨 CO_2（第一监测期）、809751.28 吨 CO_2（第二监测期）、1024212.38 吨 CO_2（第三监测期）。

联合国政府间气候变化专门委员会公布的天然气潜在排放因子置信区间上限、下限值分别为：56100 千克 CO_2/ 太焦和 54300 千克 CO_2/ 太焦。第一监测期采用天然气潜在排放因子置信上限值为 56100 千克 CO_2/ 太焦，第二、第三监测期采用天然气潜在排放因子置信下限值为 54300 千克 CO_2/ 太焦。

三个监测期燃气消耗量及同期低位热值分别为：85314014 立方米及 33.7436 千焦 / 立方米（第一监测期）、283366402 立方米及 33.7918 千焦 / 立方米（第二监测期）、353463092 立方米及 33.7245 千焦 / 立方米（第三监测期）。

以第一监测期为例：当期燃气消耗量 85314014 立方米，燃气低位热值 33.7436 千焦 / 立方米，采用天然气潜在排放因子置信上限值为 56100 千克 CO_2/ 太焦，氧化率为 100%。项目排放量 =85314014×33.7436×56100×100%/109=161501 吨 CO_2 当量。第二、第三监测期项目排放量分别为：519948 吨 CO_2 当量、647276.53 吨 CO_2 当量。

根据"减排量 = 基准线排放量 − 项目排放量 − 泄漏（项目排放泄漏为 0）"，结合本文已得出的不同时期的基准线排放量，三个监测期减排量分别为：125028 吨 CO_2 当量（第一监测期，286529.68−161501=125028）、289803 吨 CO_2 当量（第二监测期，809751.28 − 519948=289803）、376935 吨 CO_2 当量（第三监测期，1024212.38 − 647276.53=376935）。

从减排量的计算过程可以看出，计算项目在一定时期内产生的减排量除了需要外部公布的排放强度数据以外，还需要项目自身一些运营数据，这些运营数据就是需要不间断监测的数据。

CDM 项目监测和质量控制体系

郑州燃气发电有限公司 CDM 项目需要不间断地监测、记录运营数据，包括上网电量（销售电量）、购网电量、燃气耗用量、燃气低位热值。为保证所监测数据的客观性、准确性、可靠性、同期性，需要建立一套内部逐级审核、内外相互映证的质量监测控制体系。

郑州燃气发电有限公司建立了以监测工作小组为中心的内部监测质量控制体系，通过各自分工、逐级审核的体系，有效地保证了监测数据的正确性。监测工作小组由数据采集员、数据审核员、监测数据仪表监督员、工作小组长等组成。其中数据采集员负责监测数据的读取和记录；数据审核员负责对所记录的监测数据进行复

审；监测数据仪表监督员负责监督、控制监测数据仪表的正常、符合标准运行；工作小组长对监测数据、仪表状态进行最终审核。

根据相关规则规定，在内部监测体系的基础上，郑州燃气发电有限公司还建立了一套“内外相互映证的数据核对”体系。对于不同的监测数据，通过相应的商业单据进行核对，如对于通过公司与电网公司之间的《上网电量确认单》及公司开具的《售电商业发票》对项目上网电量监测数据进行核对；通过电网公司开具的《购电量明细单》、《售电商业发票》对项目购网电量进行核对；通过公司与供气商之间的《气量交接单》及供气商开具的《售气商业发票》对项目耗气量进行核对；通过供气商提供的《低位热值确认单》来确定项目耗用天然气的低位热值。通过不同的、来源于外部的各种单据与监测所得数据进行核对，能够相互映证、核对，可以更进一步保证监测数据的真实性、可信度。

公平交易的定价策略

一个完整的减排量交易包含了减排量转账、减排量交付、款项支付三个环节。

按照《核证减排量买卖合同》约定，郑州燃气发电有限公司项目自注册日至2012年12月31日，产生的温室气体减排量，均由道达尔公司购买。郑州燃气发电有限公司应每年至少向道达尔公司交付1次“核查核证减排量”，而道达尔公司必须按照约定支付相应款项。但在有效期和价格上与一般贸易合同相比具有特殊性。

第一，合同有效期。如何界定合同所约定的“货物”完全交付完毕呢？界定的标准就是：项目2012年所产生的减排量完成交付。简而言之，项目2012年减排量交付完毕后，合作方履行了相应的支付义务，本合同将终止。

第二，“货物”即减排量的价格。本合同对于减排量的价格采取了“半固定价格、半浮动价格”的定价原则，每批交付的减排量，一半采用固定价格进行结算，另一半采用浮动价格进行结算。固定价格合同中已给予明确的约定，而浮动价格则是通过“数学公式”进行确定。数学公式核心表述是“将减排量交付时的国际减排量交易市场价格代入到一个明确的数学公式，以此确定最终的浮动价格，将市场价格部分引入双方交易，以充分体现公平原则”。

回顾郑州燃气发电有限公司已完成的三次交易的综合平均价格，“半固定价格、半浮动价格”的定价原则，一定程度上发挥了保护公司利益的作用。这一原则确定的交易价格在市场价格处于高位时，浮动价格部分作用使交易价格能够体现高市场价格，使公司能够享受到高市场价格带来的高收益；在市场价格处于低位时，固定价格部分作用使交易价格能够规避低市场价格风险，使公司的收益得到一定的保证。

郑州燃气发电有限公司现已完成了三次减排量交易，交付减排量775930吨CO_2当量，实现了较为可观的收益。结合现阶段公司生产经营所面临的“燃料、维护成本高，上网电价偏低，运营资金压力大”的困境，CDM收益起到了很大的缓解资金压力，弥补部分亏损的作用，充分体现了创立CDM机制的宗旨。

燃气发电作为国际先进技术之一，在具有“高效率、低排放”优势的同时，又存在着“燃料成本高、维护费用高”的劣势。结合中国目前经济发展水平，现阶段燃气发电技术与其他类型发电比较，不具备市场竞争能力，燃气电站项目与其他类型发电项目比较，不具备“出众”的投资回报价值，甚至远低于其他类型发电项目的回报水平。然而，正是中国燃气发电这一双重特点，完全符合CDM机制的规则，通过《京都议定书》规定，让具有减排承诺义务的国家或企业提供资金支持，帮助中国燃气发电企业渡过暂时的经营困境，得以生存和发展，使中国区域内燃气发电项目具备行业平均投资回报水平。

引入任务管理概念，将多人手工操作过程借用信息系统管理起来，无疑是一种有益尝试。永城电力公司的创新对很多类似安全评价这样的检查或评比有一定的借鉴意义。

安全评价管理系统简介

永城供电公司　王亮　任申

王亮

电力安全评价过程多采用人工进行，存在着以下局限性：

查评周期长，进度控制难。成百上千条查评条目，人工化操作不易进行进度控制，导致查评周期长、效率低。

统计工作量大。查评结果数量多，查评工作中具体问题与意见归档整理统计工作量大，耗费时间与人力。

结果不易保存。单机文档保存，信息化程度低，不方便进行多次查评情况对比工作。

安全评价任务管理系统对项目实现过程化管理，完成项目从制订到验收归档的整个流程。全过程采用阶段控制，即整个项目的管理是一个宏观的工作流，每个阶段的提交都以工作流的形式进行操作，完成审批。用户能够在界面友好的系统平台上快速高效地完成电力企业安全评价工作；安监主管部门可以实时查看工作进度与完成情况；全部安全评价工作结束以后，系统产生报表，管理人员能够清楚地了解工厂的整体安全状况，发现薄弱环节，提出整改建议。

安全评价任务管理系统的设计主要基于任务树构建与任务包流转，其涉及的系统功能结构有：

系统管理

本部分包括企业管理、用户管理、角色权限管理以及系统参数的配置。企业管理可以对子公司或者部门进行设置；用户管理实现了增删用户以及对各种信息的编辑，并且包括了与企业、角色权限的映射关系；角色权限管理可以对具有某种相同角色的用户统一管理，生成系统时自动提供最高管理员，该用户可以根据自身权限创建新的角色。所有新的角色权限都继承自其父角色。

标准管理

标准维护包括对标准的名称、时间、生效与否等基础信息修改，同时可以对标准上的节点进行创建、删除、修改等操作。标准浏览是提供给普通用户学习研究标准的途径，无法对标准做修改，仅可以学习标准具体内容。

标准分为基准标准与例行标准。基准标准即电力企业安全评价规范的电子化版本。将安全评价规范标准按照树状结构进行拆分，并将每一条目的各项信息存入数据库中。系统中预先保存了《火力发电厂安全性评价标准》、《发电厂并网运行安全性评价细则》以及《集团火力发电厂安全性评价标准》三个标准。例行标准既可以通过对基准标准进行新增、修改、删除条目衍生出来，又可以由管理人员手工输入完成。

任务管理

本部分为系统核心模块。提供了任务生成、任务分发和任务评价功能。当进行查评工作时，从某一标准中取出需要查评的条目打包分发给各个执行人员，即形成了任务包。系统中的工作流以任务包的形式进行流转。

任务查看

可以查看该登录用户收到的任务、分发的任务。可以清楚地查看到上级用户发给该用户的任务包以及该用户向下级分发的任务包，了解各任务包下发时间、现在所处状态等相关信息。

任务报表

可以对任务完成情况进行整体查看，从而完成以下类型报表：按任务包名称生成的查评报表；按任务包进度生成的报表；按某一评价标准或其衍生标准生成的对比性报表。此模块同时提供了文件导出和打印功能。

任务包的实现

任务包是工作流流转的载体，是系统的关键部分。

任务包的设计需达到下述要求：

拆分性控制。任务包全部或者部分条目可以拆分成多个子包。

不同类别用户操作。任务包涉及创建者、接收者、审核者三类用户的操作。不同阶段只能由一类用户操作，限制其他用户对任务包的操作。

操作日志记录。记录操作日志是控制工作进度、统计工作时间的基础。

任务链功能

当任务包被逐级向下分派时，会产生一个记录了任务包之间父子关系的任务链。任务包设计需要考虑查看任务链，便于本层用户监控下层用户的工作进度。

任务包结构

任务包涉及时间、分发者、接收者等基本信息，还存在下发、审核、退回、完成等状态信息，关联了各种具体的工作条目信息。任务包中记录了该任务包衍生的子包数目、已完成子包数目、该任务包需查评总条目数、已完成查评条目数以及是否允许再次分发等状态信息。任务包所处的工作阶段由任务包日志表进行控制。

任务包流转

任务包的主要功能就是在不同类别用户之间进行流转。

创建阶段：包括任务生成与分发两种操作。任务生成一是基于本厂例行标准，此类任务包为顶层任务包；二是基于上级分发的任务包。选择需要查评的条目，填写开始时间、结束时间、任务包名称、任务接收者、指导意见与附件等相关信息，指定该任务包是否可以被继续分发等设置操作后，即可生成任务包。此时任务包为“待下发”状态。在待下发任务列表里选择需要下发的任务包，点击按钮即可下发。

处理阶段：此时任务包为“处理中”状态，接收者进行任务评价操作。接收者需要以打分的形式作为相应条目查评结果，全部条目查评完毕后，可以将任务包提交给创建者。在进行查评打分时，可以提交该查评条目的问题与修改建议，还可以查看该项条目的历史问题。所有条目查评结束后，系统自动将任务包转为“待提交”状态。

审核阶段：提交审核后，任务包进入“待审核”状态，审核者此时可以对任务包进行验收操作。验收不合格，任务包为“已退回”状态，接收者重新完成不合格条目后，需再次查评提交审核。验收合格，该任务包变成“完成”状态。

当创建者下发的所有子包都处于“完成”状态后，该原始包可以开始进行查评工作，创建者需要将该任务包衍生出的所有子任务包进行汇总、评价，并将查评结果作为自己的自评结果。系统提供了任务链功能，可以准确定位所有子包条目的查评情况。当顶层任务包完成查评后，此次安全评价工作结束。此时，系统可以进行分数统计及生成报表工作。

考虑到国内工矿企业大多数使用 SQL Server 与 Oracle 数据库软件，根据软件复用的要求，在系统设计阶段，就提供了两种数据库接口。这两种数据库虽然语法基本相同，但存在一些细节性的差别，因而重写了 SQL 脚本，包括建数据库、数据表、函数、视图都分别在两种数据库下做了测试。

在设计数据库连接时，使用了简单工厂模式。简单工厂模式又称为静态工厂方法模式，属于类的创建型模式，通常根据一个条件（参数）来返回不同的类实例。简单工厂模式能够根据外界给定的信息，决定究竟应该创建哪个具体类的对象。依据简单工厂模式的描述，定义了 Database 类、DatabaseFactory 类、SqlDatabase 类与 OracleDatabase 类以及它们之间的关系。

实现多数据库连接支持的重点在于实现 Database 类，该类封装了数据库操作常用方法。Database 类依据微软开放源码的数据库操作类 SqlHelper 改进而成。SqlHelper 类简化了数据库连接操作。经过封装以后，通常只需要给方法传入一些参数，如数据库连接字符串、SQL 参数等，就可以访问数据库。SqlDatabase 与 OracleDatabase 分别实现了基类 Database 的虚方法。

当在程序中使用数据库时，只需要按下面格式编写代码即可完成相应工作。

若想使用其他数据库，只需要继承 Database 类并实现其中的虚方法。调用时，只需要按照上述代码格式编写即可。

权限管理采用树状结构设计，权限具有继承的关系，子角色权限继承自其父角色权限，即子角色所拥有权限的集合是其父角色拥有权限集合的子集。树状结构的权限管理可以创建无限层次的角色。在用户登录时，验证其用户名与密码后，会返回该用户的工号以及角色权限。

仔细检验设备做好安评基础工作

角色权限对应菜单表中的菜单项。

读出这些菜单项，在页面上就动态生成了该用户所拥有的操作菜单。最高管理员拥有所有的菜单操作权限，他可以选择相应的权限赋予的子角色，拥有创建角色权限的用户可以基于自己的权限创建新的角色，保证了所有角色的父子继承关系。

永城供电公司针对安全性评价手工检查存在着耗时、耗力、效率低、文档管理不便等种种弊端，所开发的安全评价任务管理系统适用于其他企业，可以帮助企业高效快速地完成安全评价任务，大幅缩短安全评价的整体时间，实现电力企业安全性评价的自查、专家查评、整改、复查等工作的信息化管理。同时，以规范管控为目标，以推广应用安全评价管理系统为抓手，永城供电公司按照自身实际编写了细致的安全评价操作指导书，抓安全制度执行，抓过程管控，全面提高了农网设备健康水平和安全稳定运行水平。

点评

安全是电力企业的头等大事。将与安全管理相关的业务实现信息化，也就找准了企业要害，为企业信息化发展开辟了一条新路。

管理一个大型工程项目，其综合复杂度可想而知。用什么样的软件并非取决于软件本身的优劣，而在于业主管理理念的高低。

理念决定工具

台山核电合营有限公司　王伟怡

王伟怡

核电站建设一般历经EPC三个工程阶段，即设计（Engineering）、采购（Procurement）、施工（Construction）。高效的工程进度管理固然是项目成功的关键因素，但由于物资采购约占项目投入的40%，物资管理的有效性对节约项目成本、满足现场施工进度需求有着极其重要的意义。

核岛物资包括位号材料和大宗散材。位号材料也称为位号设备，具有编码唯一性，为单个项目使用，比如反应堆主泵、专用仪表等；而大宗散材包括管道元件、电缆等，也必须有物资编码，但不具有项目的唯一性。因而物资管理的重点之一在于如何对大宗散材进行有效的管理。

为得出有效结论，现就岭澳二期项目、台山项目1号机组（以下简称台山项目）和芬兰OL3项目在工程模式和物资管理流程以及所应用的信息化管理工具三方面对比分析。

工程模式对比分析

岭澳二期采用中广核下属工程公司（以下简称工程公司）EPC总包的方式，即通常所说的TURN KEY交钥匙工程。由工程公司分别与各设计、施工单位签订合同、分包实施。上游设计和下游安装分别由核工业第二研究设计院（简称核二院）和中国核工业二三建设有限公司（简称核23公司）负责完成，而物资采购工作则由工程公司自行负责。工程总包模式的优点是接口较少，责任明晰；缺点是业主参与度低。

台山项目则采用了大工程模式，将整个项目拆分为多个大合同，由台山业主公司直接与承包商签订合同条款，同时业主公司还成立了工程部，直接参与到工程建设管理中。其中，台山项目核岛EP由ANP主负责，联合中广核工程公司、设计公司组成的联合体共同完成；下游承包商同为核23公司，ANP对整个核岛建设负技术总责。

物资编码对比分析

岭澳二期为了满足现场安装预制的需求，在没有完全获取物资编码和需求数量以前往往会根据以往项目经验，启动相关物资采购流程。设备或材料制造厂家提供的信息一般只有物资具体描述的技术文件，比如说材质、型号等参数，但不会对物资进行编码；或者编码是随机而不规范的。由于缺乏最初的设计编码作为标识，物资就无法与设计图纸匹配，给材料的分发和预制都造成影响，而且由于不能及时对现场材料和设计编码进行挂接，也就不能对现场材料的库存和消耗进行准确地统计，无法对现场材料做出合理的需求计划，往往为了保证工程进度重复采购造成浪费，加大了项目的成本压力。

台山项目有效地改善了物资编码不能贯穿设计和采购的流程问题。在项目初期，设计团队已经制订好了所有材料的物资编码，设计过程中也严格引用订制的编码，并延续到了材料采购和现场物资管理。如设备采用ECS编码规则（机组号＋系统码＋标识码＋设备代码＋扩展码），大宗散材采用7位码制，如PT10001，前两位字母缩写表示材料的类型（如PT表示Piping Tee三通，PE表示Piping Elbow弯头），后五位则是数字流水号。因为物资编码是事先制订的，所以采购时知道订单包括了哪些物资编码，物资接收时可以清楚地知道物资是哪些材料。

OL3项目的物资管理模式与台山项目类似，统一的物资编码贯穿设计采购阶段，甚至某些大宗散材的编码与台山项目的编码完全一样。

物资现场管理对比分析

岭澳二期让安装承包商核23公司自行建设仓库，对物资进行接收和发放控制，给了承包商较大的权力。而作为工程总负责，工程公司也制订了一系列的管理程序来进行约束，如备品备件和专用工具管理原则，物资仓储搬运工具和设施管理规定，物资发放、废旧物回收处理规定，仓库盘点等。

台山项目业主成立了物资管理部门，整合一系列的交货计划、运输计划、到货计划、需求计划等，对于物资运输、装卸、检验、仓库、发放控制进行全面管理。但与岭澳项目类似，也由核23公司具体参与相关的工作，包括仓库的建设和管理、物资的使用发放。

OL3项目的物资现场管理与上述两项目有所不同，一切由ANP管理范围之下。具体的物资出库发放，由ANP根据现场安装进度计划安排，安装承包商只负责物资领用。若现场出现材料短缺，则要经过一系列的审批流程，由ANP现场支持人员提出再供货追加采购。

物资管理的信息化管理工具对比分析

三个项目都采用Primavera进行工程进度管理，但是物资管理的工具有所不同。

岭澳二期使用了一套IMS系统进行物资采购和现场管理。IMS是为中广核工程公司的核电工程项目量身定做的，有一定针对性，在中广核得到了广泛应用。但核23公司内部使用一套CAPPEN2安装管理系统，定期将物资使用情况同步到IMS数据库。由于CAPPEN2物资编码与上游的物资编码存在不一致使得工程公司物资管理部门不能实时地获取物资现状。所以岭澳二期的物资编码在设计、采购、现场安装几个阶段出现断层。目前，IMS已逐步被ERP取替，但是能否有效地对现场物资进行管理还需时间验证。

台山项目和OL3项目均采用EPC全过程的项目资源管理工具VPRM进行物资管理。在设计阶段，设计团队事先在VPRM中根据材料等级生成材料物资码，包括电气、管道、暖通等专业设计的大宗散材。物资码传递给上游设计工具进行工艺流程设计和三维详细设计，最后形成材料清单，回传到VPRM，由VPRM根据材料清单进行询价和物资采购，继续进行物资的催交和运输跟踪管理等。物资码经历了从VPRM—设计工具—VPRM的过程，保证了物资编码在EP阶段的一致性。台山项目的VPRM仅应用于EP，在业务管理方面，核23公司坚持使用自己的系统管理库存和物资发放，这与业主希望使用VPRM的意愿相背。由于VPRM是一个商业化软件，它的功能和流程是固化的，并不完全适合台山现场的实际情况，比如现场材料变更、物资再供货等流程都无法直接在VPRM中实现，因此VPRM在台山项目上要推广应用还要经过适当的功能完善和流程的调整。

通过比较岭澳二期项目、台山项目1号机组（以下简称台山项目）和芬兰OL3项目三个项目的物资管理流程和信息工具应用，可以看到，选择一个适应自身工程项目特点的信息管理工具，制订一套贯穿始终、行之有效的物资编码，加上有较强的设计、采购和现场管理的综合协调能力，及时跟进物资的状态，一定可以实现对工程物资的有效管理。

台山核电ERP愿景图

注重病毒防护，强化终端管理，更换基于蓝牙与GSM通信技术工业控制设备，加强可移动存储设备管理，恢复传统模拟屏功能，开展网络安全联合检查，这些不仅关系发电厂信息安全，更关系发电生产安全。

控制安全新解

广西平班水电开发有限公司　王尚洋

王尚洋

大部分发电厂与电力公司的生产部门，是直接采用计算机控制系统进行操作与控制的，并不需要对网络安全负责。负责公司网络安全的则是信息技术部门，而信息技术部门一般是进行IT系统维护，对生产控制系统不了解，也没有适合工业控制系统网络的业务装备。生产部门也没有网络安全方面的人员和预算，也从未接受处理网络安全问题的培训及相关经验。因此，生产业务部门不能解决网络安全方面的问题，而信息管理部门也未对生产部门的调试笔记本、U盘应用以及外来厂家维护人员维护终端进行监控，存在一个明显的无防御区。

Stuxnet作为武器级电脑病毒，可精确打击，杀伤范围可控。为达到杀伤范围可控的目的,它采取了“指纹”验证机制，感染Stuxnet病毒计算机的相关信息均被发送至美国加州的一个服务器，病毒制造者可以精确导引病毒攻击特定地区的目标，对于非攻击范围的工业控制系统不会进行攻击。

Stuxnet智能攻击，难以发现。它分为两个攻击模块。第一个模块是攻击西门子S7-300(315)系统，目标为纳坦兹的浓缩铀工厂。第二个模块是攻击西门子的S7-400(417)系统，目标是布什尔核电厂汽轮机控制。根据研究人员分析，没有被激活的Stuxnet代码仍然定期更新过程映射，但是Stuxne代码可以传递原来通过物理映射输入的初始值，也可以不传递，这会使汽轮机的控制受到干扰，极端情况下会导致涡轮遭到破坏或使运行人员做出错误操作。

Stuxnet病毒的活动非常隐蔽，代码精妙，自动隐藏，生存力高，具备极强的自我保护能力。Stuxnet病毒使用U盘以及Windows零日漏洞传播，进入系统后使用Rootkit把自己隐藏起来，在潜入PLC之前能伪装成系统文件，其具有挂入编程软件把自己装入PLC的能力，当程序员检查PLC的代码时也看不见这个病毒。而通过向西门子工业编程软件STEP7中注入恶意DLL（动态链接库），实现了即便清除Stuxnet仍可通过启动STEP 7软件再次感染目标主机。另外，Stuxnet病毒发动攻击侵入离心机操控系统后，会首先记录离心机的正常运转数据，攻击成功后，离心机运转速度失控，但监控系统收到的却是Stuxnet病毒发送的“正常数据”，令运行人员无法及时察觉，从而可最大限度地达到破坏效果。

首先，由于病毒使用了Rootkit技术，已对系统内核进行了修改，无法检查及验证是否有其他电脑病毒或木马植入，是否会对系统的稳定运行产生影响。因此，发现控制系统被病毒感染后最好的解决方法就是拆除并重装系统。

其次，互联网安全技术并不适用于工业控制系统。对控制系统进行渗透测试，可能会导致系统当机，甚至会导致系统固件被破坏，类似定期更换密码之类的简单策略也可能会导致在紧急情况下运行人员由于紧张输错密码，从而导致不能够及时地作出有效反应的情况出现。而且防病毒软件是非常耗费资源的，美国国家标准技术研究院（NIST）曾经进行过这样的测试，结果显示，仅对一台老式控制系统进行简单的病毒库定义更新这样的操作，就有可能导致某些地方出现2～6分钟服务当机的情况。

六项措施应对类似 Stuxnet 的武器级电脑病毒

注重病毒防护

对于采用 Windows 系统的工作站，可安装国产杀毒软件（必须取消自动扫描与自动升级功能），拔除光驱及 USB 接口跳线，利用负荷低谷时段临时退出工作站，手动安装杀毒软件升级包并进行病毒查杀。病毒库升级及病毒查杀完毕后将 USB 接口跳线拔出以防止非授权使用。UNIX 工作站也可采用 UNIX 版本杀毒软件进行病毒防护。服务器建议不要安装杀毒软件，安全防护方面则需要监控系统厂家对内核进行修改，只与授权设备进行专用规约通信。

强化终端管理

第一，设备维护终端往往保存在班组级，由于使用人员网络安全意识参差不齐，存在着维护终端联网使用可能。因此，需要强化保管人员安全意识，并在维护终端上安装网络行为规范软件，一旦发现接入互联网络，管理中心将强制该电脑关机并立即报警通知系统管理员，核实后将根据集团公司网络管理相关规定对保管人进行处罚。

第二，严禁厂家维护人员使用厂家自带维护终端进行设备检查与维护，必须使用本厂维护终端与程序备份进行编程与设备检查，防止病毒侵入。

更换基于蓝牙与 GSM 通信技术工业控制设备

基于蓝牙技术与 GSM 等无线通信技术现被广泛用于电力系统的数据采集与控制设备中，由于这两种技术均存在保密性差，易受干扰的缺陷，建议淘汰蓝牙 / GSM 传感器或控制器或进行重新开发，使用保密性较好的 CDMA 技术并为无线传感器通信增加安全机制。

加强可移动存储设备管理

U 盘体积小、容量大、使用便利，但存在着无法限制介质使用范围，易出现在不同的安全区域混用的情况。在摆渡攻击技术出现后，已出现大量针对 U 盘的病毒。为了有效地防护移动介质上的数据可采用安全 U 盘技术，将 U 盘的使用分为写入、迁移、拷贝和删除四个阶段，进行分段防护，可大大提高 U 盘的数据安全性。阶段防护策略如下表所示。

江南信安公司安全 U 盘防护策略表

阶段	用户操作	安全威胁	安全措施	安全功能
写入	将数据从源主机写入到移动介质	病毒感染 木马窃取 未授权写入	用户认证	只有合法用户才能写入文件
			加密	数据实时加密
			审计	源主机信息＋写文件操作→日志
迁移	数据随移动介质迁移	介质丢失 暴力破解	加密	非法用户无法读写
			自毁	防止口令猜测
拷贝	数据从移动介质写入到目标主机	病毒感染 木马窃取 非法篡改 恶意泄漏	主机认证	防止移动介质在非法主机上使用
			用户认证	只有合法用户才能拷出文件
			审计	目标主机信息＋读文件操作→日志
			解密	数据实时解密
删除	数据从移动介质上擦除	数据残余恢复	审计	主机信息＋删除文件操作→日志
			用户认证	只有合法用户才能删除文件

工业控制系统的所有数据传输必须使用安全 U 盘进行，该 U 盘在部署区外未经授权的工作站上无法使用，可以有效避免不同安全区域混用。安全 U 盘可提供多个分区，如下图所示。除引导区外，其余分区均不为操作系统所见。其中：

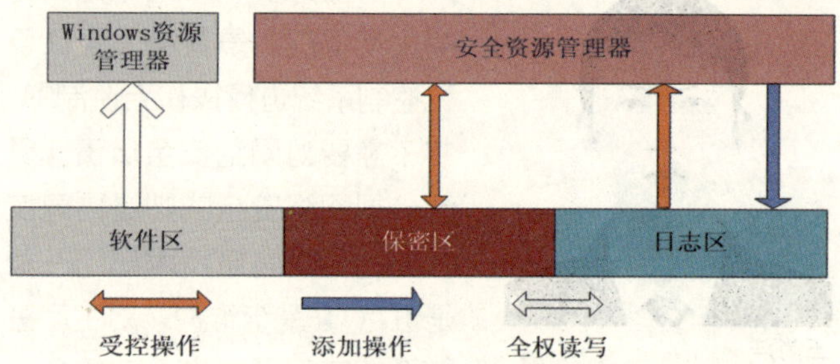

安全 U 盘存储区构造图

引导区：加载安全资源管理器，该区设置为只读，防止病毒或木马感染。

保密区：该区数据进行高强度加密存储，只提供数据存放功能。对于保密区的数据，采用了专用的文件系统设计，Windows 系统即使能够访问到该区，也不能识别出文件的格式。

日志区：采用 Append-Only 文件系统，对所有访问本设备的操作形成日志。

恢复传统模拟屏功能

由于计算机技术的进步，很多电厂取消了模拟显示屏，而伊朗 Stuxnet 病毒袭击案例告诉我们，使用多种监视手段是很有必要的，可以及时发现计算机监控系统中毒后病毒的伪造数据上送行为。因此，建议有条件的电厂恢复采用独立变送器的模拟显示屏。

开展网络安全联合检查

由于目前电力行业内暂无工业控制系统安全防御的团队，因此，建议由上级部门牵头联合公安部网络安全专业机构对电力系统内各厂站进行网络安全联合检查，查找安全防御漏洞，培养电力行业网络安全防护专业队伍，并制订类似 NERC CIPs 的网络安全防御标准。

有果必有因。长期运行中的ERP数据量爆增之后，就会出现效率降低、操作迟缓等问题。其实暴露出对数据库管理、功能设计不优化、逻辑关系不简洁等一系列内在本质的问题，大凡部署了ERP的企业或早或晚会遇到此类问题。

ERP智在优化

北方联合电力有限责任公司　陈静　包文　安剑

陈静

北方联合电力有限责任公司（以下简称北方公司）采用了SAP公司的ERP产品（以下简称ERP系统），实施了财务和物资两大模块并通过接口与生产管理系统（BFS++）、资金支付系统、物资主数据管理系统等集成，实现了北方联合电力公司生产、物资、财务的一体化管理。

随着ERP系统的持续运行，数据量越来越大，对基于ABAP/4平台开发的程序运行速度产生很大的影响，甚至某些程序运行执行时会因超时而退出（ERP系统前台执行一个命令时间最长为600ms，超出这个时间命令还没有执行完的程序将超时而退出），影响业务应用效果，因此对程序进行合理优化显得尤为重要。

所谓ABAP/4程序优化，就是在程序改进时，通过选择最优数据结构、最优执行语句，设计最优数据库读取、最优执行流程，达到程序执行速度最快、占用系统资源最少的目的。

如何分析ABAP/4开发的程序性能

在ERP系统中可以通过使用事务代码SE30对ABAP/4程序执行时间进行分析，找出程序执行慢的部分。ABAP、Database、System三个阶段的执行时间对效能的优先级为Database → System → ABAP，要依序排除哪部分影响性能（如图1所示）。点击提示技巧，可以查看一些SAP所提供的效率比较。输入事务代码、程序名称、功能模块名称，点击Execute，执行程序，执行完程序后，点击Analyze，可以查看程序的执行效率（如图2所示）。通过执行结果可以清晰看到该程序在系统中运行时ABAP、Database、System三个方面需要花费的时间，点击左上角 按钮，可以进一步查看每条语句的执行效率(如图3所示)。针对语句进行分析，即可对语句或方法进行优化。

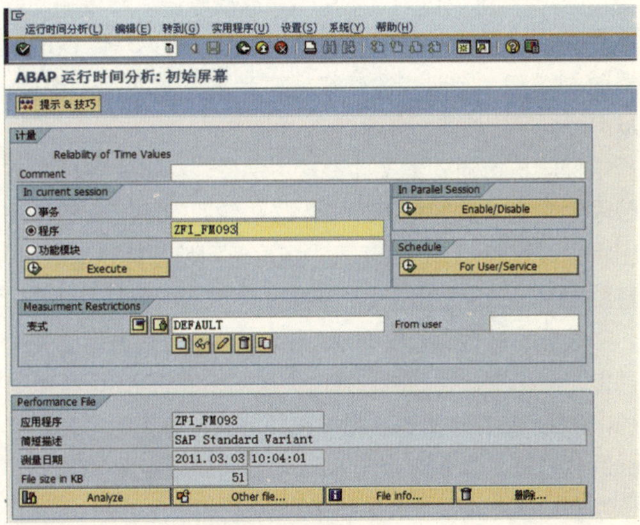

图1 SE30执行界面

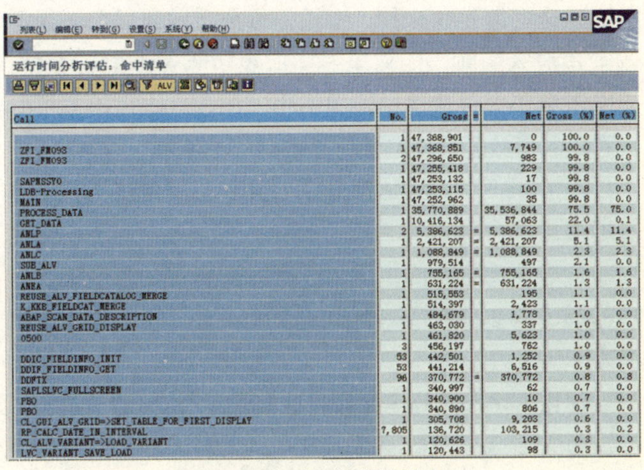

图2 运行时间分析评估概述

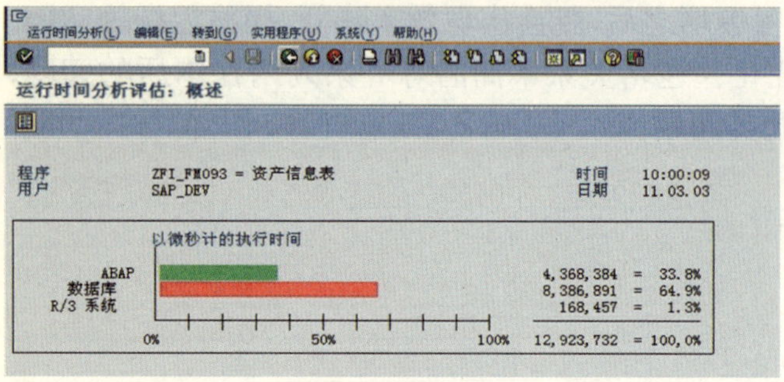

图 3 运行时间分析评估清单

影响 ABAP/4 程序性能的因素

通过对程序运行时间进行性能分析，可以明显看到，在 ERP 系统上线运行初期，由于业务和数据量都比较少，程序运行速度比较快，很难发现一些程序的性能瓶颈。随着业务流程的变化和数据量的不断增加，程序执行效率变得越来越低。

ERP 系统运行 1 ~ 2 年后，数据库中数据增加，数据库表中记录的条数越来越多，导致从数据库中读取数据时间增加，同时也会使数据库产生大量的冗余数据，从而降低了报表执行效率。

程序执行时检索条件设置不合理，在默认条件中不做限定将有大量数据被读取，这些数据的加工整理并输出将会很耗时，当数据库表中数据条目越多耗时越明显，甚至程序无法运行出正确的结果。

在编写数据库查询 SQL 语句时，并没有进行必要的优化，对海量数据而言，经过优化的 SQL 语句可能比未优化的 SQL 语句查询效率要高很多倍，特别对多表之间的联合查询尤其如此。另外，SQL 语句中使用关键字 IN 作为查询条件语句的效率都相对较低。

ERP 系统是一个复杂的信息系统，从数据库表中取数的方法可能不止一种，不同的取数方法对程序的运行效率有很大影响。如对于很多报表所需要的期初数据，如果系统中有存放这批数据的表，那么从中直接读取则比通过大量数据记录推算快得多。

在 ABAP/4 程序的代码设计中，其算法的优劣也是决定报表执行时间的关键因素之一。程序中选择、循环和嵌套等语句的正确使用，数据的转换和计算逻辑，程序的同步异步机制及对数据加锁解锁方式等都对报表执行效率有很大影响。

优化 ABAP/4 程序性能的基本原则

首先要减少对数据库的访问。频繁访问数据库，对程序性能的影响显而易见，因为这增加了数据库的开销和网络的往返次数，所以在一个程序中，访问数据库的次数越少越好。有时宁愿一次多返回一些数据，也不要增加访问次数。

其次要减少网络往返的数据量。如果传输的数据量很大，那么网络延迟的时间就会很明显。

最后要减少程序的循环次数。循环会增加 CPU 的负载。虽然每次循环执行的时间比较短，但是随着循环次数的增加，累计的处理时间就很长。

优化程序性能的方法

优化数据库系统。随着业务数据的不断增加，数据量将逐渐增大。同时数据库也会产生很多碎片，导致系统性能减弱，浪费大量表空间。而且数据表记录经过多次删除、添加会使得日志文件增大，诸如此类原因都会直接影响数据库的运行效率。因此数据库管理员（DBA）必须定期检查系统的状态，如 CPU、内存、交换、磁盘的利用率，同时进行数据库整理，如删除不必要的文件、整理磁盘、清理日志文件。在必要时提供更多应用服务器负载分流，使数据库运行在一个高效稳定的状态。

优化 ABAP/4 程序。优化方法和渠道很多，例如通过内表（Internal Table）处理来减少对数据库的访问，通过缓冲池模式减少对数据库的访问，减少循环嵌套的层数，合理使用 READ TABLE 等。

优化运行方式。对于非实时数据查询报表，可以考虑放到后台运行。非实时数据查询，可以通过自定义数据表存储运算结果，让用户直接从自定义表抽取报表数据，大大提升查询响应速度。

优化程序检索界面。注意避免完全无输入限制的界面，这样的查询方式可能会导致全表扫描，带来运行效能问题。合理设置检索方式，在满足业务需求的前提下尽可能输入特定范围的检索，限制业务查询的范围，不仅可以减少程序运行时间，还为整个 ERP 系统节约了大量的系统资源。

大多数 ABAP/4 程序是可以进行性能优化的。目前一些优化方法已经在北方公司 ERP 系统中应用，取得了明显的效果。经过性能优化的 ABAP/4 程序提高了终端用户业务操作效率，对 ERP 系统整体高效可靠运行有着非常重要的作用。

东北电网有限公司按照“双网双机、分区分域、等级防护、多层防御”的安全策略，结合网络的实际情况，提出了分区分域网络结构改造方案，以科学的网络规划和主流的组网技术对公司信息网络进行改造，通过网络架构、数据等方面的设计对网络安全进行完善，取得很好的应用效果，为推进公司信息安全等级保护纵深防御体系建设奠定了坚实的网络基础。

安全细分化

东北电网有限公司信息网络运行分公司　孙宝华　孙巍

孙宝华

东北电网有限公司（以下简称东北公司）网络系统建于 2001 年，担负着东北公司的经营管理、生产、安全、办公、财务管理、视频传输等重要应用。随着信息技术的发展和业务需求的增加，信息网络结构中存在的单点故障和横向安全边界不清等问题已成为信息系统安全稳定运行的重大隐患。

国家电网公司结合电网安全需求，对电网信息安全工作进行整体规划和体系设计，制定了《国家电网公司信息化“SG186”工程安全防护总体方案》，确定了“双网双机、分区分域、等级防护、多层防御”的信息安全防护总体策略，其核心内容为强化网络边界安全，结合信息安全等级对信息内、外网应用系统进行安全域划分，将各安全域按边界、网络、主机及应用四个层次实施安全防护（如下图所示）。

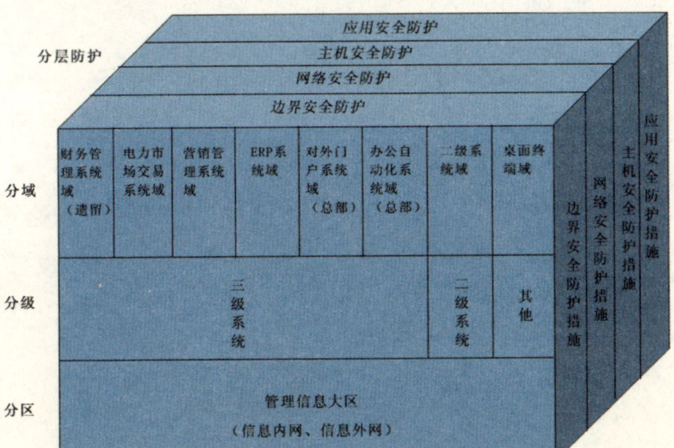

国家电网公司安全防护体系构成示意图

按照国家电网“三级系统独立成域、二级系统统一成域”的要求，需对东北公司内网信息系统进行统一部署与调整，使分区调整后的信息系统既符合国家电网网络分区分域的规定，又满足东北公司信息系统后续发展要求，对现有业务平台进行有效整合，优化东北公司所有信息系统的管理，增强服务器的安全稳定运行，为日后的管理、扩容提供方便，全面落实国家电网公司信息系统运行维护工作。同时，针对东北公司现有数据中心网络系统架构进行优化，保证数据中心网络系统所承载的应用系统稳定运行。

2009 年东北公司搬迁至沈阳浑南新办公大楼。在保留原有网络架构的基础上，针对公司本部核心接入设备进行了一次升级，与此同时，划分了独立的网络数据中心。

东北公司信息内网网络技术选用万兆和千兆以太网络技术，所有的帧格式全部选用以太网格式。

东北公司信息内网为双核心的负载均衡的结构，它综合了双星形结构和环状结构的优点，既节省了链路，又能起到环状结构的路由冗余与备份的作用。它分为核心层、接入层两个层面。

核心层：采用两台高性能路由交换机 Catalyst 6513，应用 VSS（虚拟交换系统）技术连接成双核心，提供高效的数据交换，提供到数据中心的高速、稳健的连接。

接入层：采用万兆链路实现与核心层的骨干互联，为办公区内用户提供高性能无阻塞的数据交换能力，实现办公区内的 VLAN 部署，提高办公区内数据交换的安全性与灵活的可管理性，在办公区内实现千兆接入，并提供数据流量与安全的控制管理功能，实现 QoS，支持多媒体数据传输，提供骨干链路的冗余。

数据中心交换机采用两台高性能交换机 Catalyst 6509，内置 FWSM 防火墙模块和 IDS 入侵检测模块，应用 VSS(虚拟交换系统)技术连接成双核心，与核心层连接成环形，提供高效的数据交换，提供到数据中心的高速、稳健的连接。数据中心交换机上承载着各类重要应用系统的运行。

两台交换机 Catalyst 4506 连接到 Catalyst 6509，提供更多服务器的接入。

本次改造新增 10 台交换机，以每两台为一组分别与核心交换机相连；属于三级系统的服务器接入的交换机分别通过万兆线路、路由模式上联到核心交换机上，独立分域，并通过虚拟防火墙进行安全防御；其他应用系统服务器属于二级系统，统一成域，接入的交换机使用万兆线路、TRUNK 方式上联到核心交换机上，并通过虚拟防火墙进行安全防御。

采用“核心层＋接入层”的两层结构免去了多余的转发时间损耗，使整个网络能更快地传输数据。以万兆交换设备构建主干，实现千兆交换到终端，主干支持第三层交换技术，具有良好的可扩展性。当网络规模扩大时，网络无须进行太大调整即可以继续使用，轻松实现升级扩充。服务器网段划分虚拟子网(VLAN)，保证网络内部数据的安全，同时可控制服务的优先级和质量，满足重要应用的带宽需求。

采用 Catalyst 6509 内置防火墙模块划分虚拟防火墙，实现横向分域。根据信息系统的安全等级，采用部署虚拟防火墙及设置访问控制策略等技术措施进行安全域划分，每一个服务器网段对应一个虚拟防火墙，对各个安全域采用符合等级保护要求的技术措施进行防护。虚拟防火墙解决方案减少了网络的总拥有成本，随着业务发展，当业务划分发生变化或者产生新业务部门时，可以通过添加或者减少虚拟防火墙的方式，十分灵活地解决后续网络扩展的安全问题，提高网络安全防护能力，简化对防火墙的管理，有效降低网络安全防护所需的投资，并在一定程度上降低网络安全设备部署的复杂度。

东北公司信息系统分区分域的改造，构建了一个安全可靠、性能卓越、易于管理的承载内部业务系统的数据中心网络平台，满足企业公文流转、集团视频会议、基建和生产现场实时监控、生产、计划、财务、人事、档案数据的传输和展现等多种业务的需求。

东北电网公司

经验固然重要，但不一定可信。但凡可计算可模拟的过程，比如锅炉燃烧、配风、配煤，一旦有可信的软件辅佐闭环优化控制，势必比经验更可靠，也更有效。降低的煤耗背后可都是效益和社会责任。

燃烧燃烧的成本

大唐珲春发电厂　李星光

李星光

尽管 300MW 机组配有 DCS 系统，但 DCS 缺少对锅炉燃烧运行配风、配煤方式的优化。目前国内电站锅炉燃烧运行主要依据锅炉的燃烧调整试验，依靠运行人员的运行经验进行配风、配煤。一方面，由于受试验时间及条件的限制，燃烧调整试验一般只能做有限几个负荷及煤种工况点，因而锅炉实际运行工况一般与试验工况有较大差异，特别在锅炉燃烧的煤质变化较大时，如果完全以燃烧调整试验结果为依据进行配风、配煤，无法使锅炉运行在最佳状态；另一方面，运行人员的操作水平存在差异，即使同一值班员，在不同时间的运行水平也可能存在差异。因此凭运行经验进行的锅炉燃烧调整操作具有一定随意性，难以保证锅炉处于最佳运行状态。

比如，根据 2007 年 3 号炉验收试验报告，锅炉效率虽然达到了 92.67%，但排烟温度过高，超过 136.4℃的设计值，在额定负荷工况下试验值达 153℃；而主汽温 / 汽压、再热器温度 / 压力无论在高负荷（90%以上）还是在中、低负荷的滑压运行区间，均远低于设计值；在主蒸汽、再热器温度偏低而过热器、再热器金属壁温偏高情况下，运行人员为了避免金属壁超温，确保机组安全，对过热器二级减温水的投用较大。

2008 年 1 月 15 日在 3 号炉引进了国外《燃烧优化闭环控制系统》软件，其先进的线性 / 非线性优化矩阵控制为优化控制锅炉燃烧效率提供了优化算法，可平衡 q2 －排烟损失与 q4 －未燃尽损失（CIA，飞灰含碳量），寻求最佳的配风、配煤方式，以达到最高的锅炉燃烧效率。

锅炉燃烧优化闭环控制基于实际运行情况进行预测，其内部由 *n* 个多输入单输出（MISO）控制器有机组合成多输入多输出（MIMO）模块，而每一个（MISO）控制器均基于线性 / 非线性控制矩阵，控制矩阵由差值矩阵和绝对矩阵两部分组成。按优化要求，确定控制目标最佳值（*CV*），根据实时系统干扰量（*DV*）来进行优化运算，计算出可变量（*MV*），即锅炉燃烧优化闭环控制器的输出量，将作用于 DCS 使锅炉燃烧系统达到一个优化状态。

目标最佳值（*CV*）的目标函数和可变量（*MV*）的调节数学表达式如下图所示。

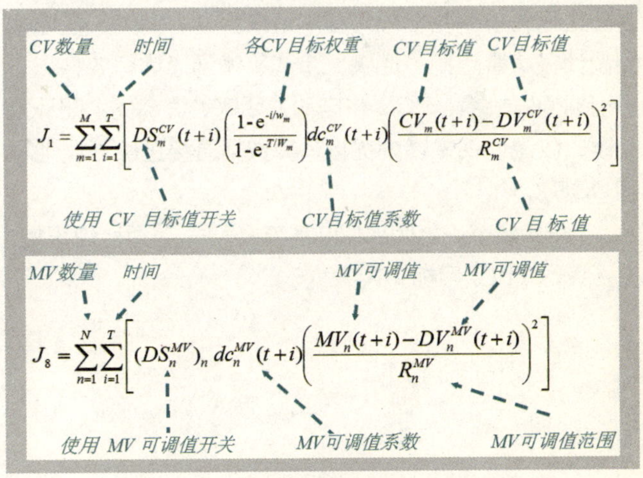

$$J_1=\sum_{m=1}^{M}\sum_{i=1}^{T}\left[DS_m^{CV}(t+i)\left(\frac{1-e^{-i/w_m}}{1-e^{-T/W_m}}\right)dc_m^{CV}(t+i)\left(\frac{CV_m(t+i)-DV_m^{CV}(t+i)}{R_m^{CV}}\right)^2\right]$$

$$J_8=\sum_{n=1}^{N}\sum_{i=1}^{T}\left[(DS_n^{MV})_n\, dc_n^{MV}(t+i)\left(\frac{MV_n(t+i)-DV_n^{MV}(t+i)}{R_n^{MV}}\right)^2\right]$$

目标函数和可变量表达式图

锅炉燃烧优化闭环控制器能理解和控制复杂生产过程中多变量之间的相互关系和作用，且具有自适应功能，其模型能适应生产过程的动态变化（如下表所示）。它使用交互变量，适用于大延迟、积分特性和反相响应等技术模拟和控制复杂的生产过程，尤其在各变量间存在不同时间死区的情况下，使机组保持系统在优化状态下运行。

燃烧优化闭环控制系统的系统组态以偏置（或设定指令）方式加入原先的 PID 控制回路，即用燃烧优化闭

锅炉燃烧优化闭环控制器与纯神经网络相比较表

	锅炉燃烧优化闭环控制器	神经网络优化控制
1	基于动态过程模型	基于数据样本
2	产生各参量间的关系	产生神经网络模型
3	包括直接确定“时间延迟”	没有“时间延迟”处理功能
4	模型能够同当前的生产过程紧密相连，并可用已知的生产过程知识为依据对模型进行校验	模型不具有确认当前工况功能，因此不能同当前的生产过程紧密相连
5	模型有在线自适应功能	模型没有在线自适应功能
6	仅用一些数据就能增加模型功能	增加模型功能需大量数据
7	通常项目的执行时间为数周	通常项目的执行时间为几个月

环控制系统来替代运行人员的手动偏置，或者在确保安全的条件下采用指令形式，直接对现场设备或运行参数进行控制。系统通过调整或改善排烟温度、过热器出口温度、过热器减温水量、再热器出口温度、锅炉氧量、飞灰含碳量、锅炉结焦等措施实现闭环控制，提高机组效率。

为确保系统正常稳定运行，设置多重可调变量的信号保护，包括信号量程、信号变化速率、信号跟踪等保护，以防止它在投用与切除过程中造成扰动。此外，在通信侧设计了“看门狗／心跳”方式来辨别通信有效性。一旦出现通信故障，DCS 将自动关闭锅炉燃烧优化闭环控制器，以保证锅炉燃烧优化运算数据直接正确无误地写回 DCS。

3 号炉燃烧优化闭环控制系统投入后，运行比较正常，主要实现了以下目标。

第一，燃烧优化系统通过对氧量回路的优化调整，在保证锅炉安全燃烧的前提下使锅炉燃烧氧量有了明显降低。降低氧量同时降低锅炉排烟温度，减少排烟带走热量，提高了锅炉效率。

第二，优化调整送引风机及氧量控制回路，有效降低了锅炉送引风机单耗。

第三，燃烧优化系统增加了对主蒸汽及再热器温度的控制手段。通过调整二次风门的开度加强对主蒸汽及再热器温度的控制，可以在温度过高时适当减少减温水量。

第四，通过燃烧优化系统控制模型的分析，修改了过燃风控制回路，加强了过燃风对主蒸汽及再热器温度控制的控制功能，解决了主蒸汽及再热器温度过低问题。

第五，由于甲送风机动叶挡板问题，原有炉膛与大风箱差压控制不稳定，二次风回路自动投入率很低。经过燃烧优化系统控制模型的分析，重新修订了大风箱差压曲线，提高了二次风自动投入率。

第六，通过燃烧优化系统的风控制系统模型做出了相应调整，在锅炉负荷调整过程中保持过燃风流量，解决了 3 号锅炉在变负荷过程中，主蒸汽及再热器温度降低过快而升温缓慢问题。

燃烧优化闭环控制系统进一步优化了锅炉调整，提高了锅炉系统自动投入率，避免了运行人员的盲目操作。将锅炉效率提高 0.51%，相当于降低了供电煤耗 1.65g/kWh，按 3 号机组年发电量 20 亿千瓦时计算，可节约标准煤 3300 吨，以 351 元／吨标煤单价计算，年可节约 115.83 万元。

中电联下发的可靠性管理系统在应用过程中需要人工维护基础数据，工作量极大，而开发可靠性管理系统与营配一体化平台的数据导入及同步接口，建立两个系统间数据共享通道和机制，可实现可靠性计算基础数据的自动导入和可靠性结果自动计算功能。

强强集成　精准高效

广州供电局信息部　林海

林海

自1998年中电联《电力可靠性管理信息系统》正式实施运行以来，我国电力可靠性管理工作已形成了电力可靠性管理中心、网级电力公司、省级电力公司、地市供电局、县／区供电局、供电营业所六级管理模式，应用范围逐步深入，管理水平不断提高。

目前，可靠性系统作为电力可靠性管理工作的技术支撑平台，已覆盖所有网省电力公司和地市级电力公司，绝大部分地市电力公司已延伸到变（供）电所和工区，部分已延伸到班组。可靠性管理直接体现供电系统对用户的供电水平和供电能力，反映了电力工业对国民经济电能需求的满足程度，是供电系统在规划、设计、基建、施工、设备选型、生产运行、供电服务等方面的质量和管理水平的综合体现。

但是，可靠性计算基础数据的整理与录入一直是电力部门一项繁重且不易完成的工作，直接影响了电网的可靠性分析。广州供电局基于GIS的营配一体化平台，拥有企业统一的电网设备和客户信息模型、电网设备基础资料和拓扑关系、各种生产运行数据，满足可靠性管理系统的需要。

为了减少数据重复录入工作，保证可靠性基础数据及时、准确，实现可靠性管理系统与营配一体化平台无缝集成，将可靠性管理系统与营配一体化平台进行整合，实现可靠性管理系统基础数据从营配一体化平台自动导入。从而减少人工录入的工作量和出错概率，提高工作效率、提高可靠性计算的精确度、提高可靠性计算自动化水平。

集成两系统，首先，要建立两个系统之间的中间数据平台，对现有的营配一体化平台数据进行分析，抽取可靠性所需要的设备台账及停运信息内容。其中，设施的计划停运事件通过收集和处理营配一体化平台中工作票、操作票、停电申请、工作任务单中停电设施、停电时间点、工作内容等，形成可靠性系统中的停电事件；集成的设备种类及数据主要包括架空线路、电缆线路、变压器、电抗器、断路器、电流互感器、电压互感器等设备台账及停运记录；供电可靠性主要数据信息包括中压基础线段和用户信息、中压停运事件、导线段、用户信息等。

其次，要采取适宜的集成策略。由于使用同一个中间数据交换平台，双方都必须严格遵守集成交换规范和标准；两个系统统一采用BEA中间平台；数据交换统一采用XML标准和中间件技术，保证两系统数据的安全性和相对独立性，实现数据的交换和共享。

再次，要设计完整的软件集成体系架构。软件的最终用户是供电部门电网可靠性管理人员，软件为用户提供单一的访问入口，可靠性系统直接从营配一体化系统中获取所需要的信息进行可靠性计算，用户只需要使用可靠性系统而不需要考虑其数据如何维护（如下图所示）。

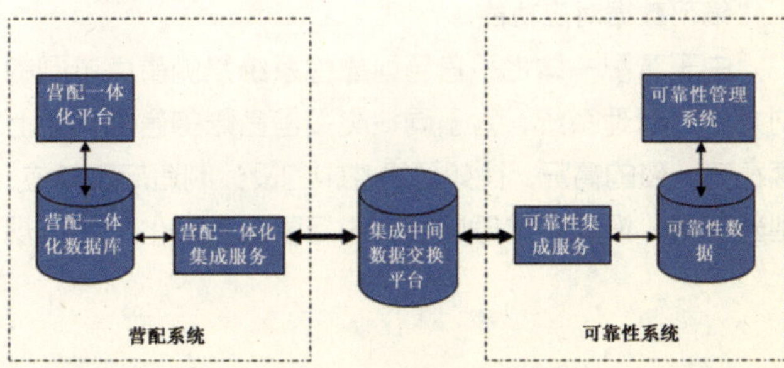

系统集成架构图

营配一体化平台主要负责基础数据的维护与传送，按照双方系统制订的中间数据交换的规范，整理可靠性所需设备台账及停运事件数据，并发送至数据交换平台。数据传送分为增量和全量传送两种类型。可靠性系统依照中间数据交换的规范，依据可靠性业务模型，对中间业务数据进行分类读取；并转换成可靠性所需的基础台账及停运记录，并导人可靠性管理系统中进行可靠性计算。

营配一体化平台集成功能主要包括两部分：

设备台账整理及传送

营配一体化平台按照可靠性业务分类标准进行数据分类整理。营配一体化台账数据在数据交换平台中增加设备入库时间、修改时间。可靠性系统根据数据交换平台的入库时间、修改时间对其自己的基础台账数据进行增量更新。可靠性系统是按设备组进行设备管理，同于营配一体化中的设备间隔，所以营配一体化平台在导人的设备数据必须包含设备间隔台账数据，以确保营配一体化平台中每个间隔的台账数据能够与可靠性系统中的设备组进行关联，从而满足系统可靠性的台账管理要求。

运行事件数据整理及传送

可靠性计算的另一重要基础数据就是生产运行数据。营配一体化平台在运行数据收集、传送过程中，提供其各个模块中的关联关系以及每个模块传送到中间数据平台中的入库时间，提供月度计划、任务单、工作票、操作票等数据。营配一体化平台必须保证每一条数据都有完整的关联关系，如月度计划与任务单关联、任务单与工作票的关联、工作票与操作票的关联；每一条记录在传送到中间数据平台后都要记录其入库时间，这样可靠性接口就可以根据入库的时间，来判断其事件是否为新事件。营配一体化将这些数据整理好后，将其传送给中间数据平台，供可靠性系统分析计算使用。

可靠性集成功能主要包括三部分：

编码数据对应功能

由于营配一体化平台与可靠性系统是侧重点不同的两大生产管理系统，对于同一类设备台账的信息描述上存在不一致的情况，比如可靠性中的设计制造施工单位、型号规则、设施型式等属性编码与营配一体化平台在规则上都存在差异，需要对两个系统中的这些代码信息建立映射，才能把营配中的设备信息转为有效的可靠性的设备信息。因此必须对两个系统的设备代码属性建立对应关系，如调度单位、电网单位、电压等级、型号规格等。

台账数据的处理功能

可靠性计算所必需的台账数据经由营配一体化平台传送给中间平台以后，可靠性接口程序会按照操作时间来判断数据是否更新，并以增量方式自动完成数据更新，实现可靠性系统与营配一体化平台的数据同步。台账数据在数据交换平台中具备设备入库时间、设备修改时间等属性，从而可靠性接口系统根据数据交换平台的入库时间、修改时间对其自己的台账进行更新。设备数据要求设备包含的间隔属性，以确保营配一体化中每个间隔的台账数据能够与可靠性系统中的设备组进行关联，从而满足系统可靠性的台账管理要求。

停运记录的处理功能

营配一体化集成模块预先将可靠性所需事件相关的操作票、工作票、任务单等传入中间数据平台，可靠性接口通过对这些数据进行分类整理，提取相关数据，经过处理和生成具体运行事件记录。对于不完整的事件提供维护功能，最终确保每条事件都能有效接收。

可靠性管理系统充分利用营配一体化已有数据资源作为可靠性计算的基础数据，能够自动进行基础数据的读取、处理，大大减少了基层工作人员的工作压力和劳动强度，同时提高了数据的准确性，保证了两个业务系统数据的一致性。自项目运行以来，人力成本大为降低，提高了可靠性计算结果的精度、准确性和及时性，供电可靠率大幅增长。

点评

解决制约业务发展的瓶颈问题，是信息化得以生存的根本。1998年投入运行的系统不用非得兴师动众推倒重建。有时候，仅需一双发现的眼睛，一丝机巧敏思，搞一点创新，做一些变通，即可枯木逢春结硕果，新老集成互增色。

面对未知对象，从感性估计到理性测量是一种科学态度的进步。追求精确可靠的测量是一个逐渐逼近的过程，因为每一种测量工具都是在实践中得以改良的，每一种测量方法都是在试验中得以完善的。

激光盘煤可靠精确

广东粤电靖海发电公司　徐楚景

徐楚景

煤场存煤量盘点的精确与否影响着电厂煤耗等经济性指标的计算，因此，建立科学的盘煤系统，对于合理储煤、确保入炉煤质、减少耗损等都有着十分重要的作用，也是降低煤耗、降低发电成本、提高电厂经济效益的一种有效途径。

靖海发电公司每月底都要对两个圆形煤场的存煤量进行盘点。早期采用较为传统的盘煤方法（俗称“打点”法），先用推耙机对煤场煤堆进行整形，然后用激光测距仪获取测站到目标的距离，结合水平和垂直两个自由度的角度传感器（电子磁通罗径）获取当前观测点的两个方位角度，计算出该测点的三维空间坐标，然后利用这些点构建方格网，进行三维计算，计算出体积。这种盘煤方法，费时费工，而且盘存结果准确度不高，误差较大。

为了确保盘煤工作的准确性、科学性和客观性，准确核算公司发电成本，评估经济效益并实施科学有效的管理，同时减少盘煤时间，靖海发电公司采用了全自动激光盘煤仪进行盘煤工作。

圆形煤场概括

靖海发电公司一期工程 #1、#2 机组设置两个直径 120 米，高约 70 米的半球形圆形煤场，最大堆煤高度约 31.9 米，最大堆积角度为 38 度，挡煤墙高度为 17.5 米，每个煤场堆煤体积为 21.5×10 立方米，两个煤场最大储煤量可达 30 万吨，按设计煤种，可满足两台 60 万机组燃用 28 天。每个煤场内各安装一台由 SCHADE 公司生产的堆取料机，堆取料机可沿中心柱 360 度回转运行，堆、取料可独立运行。

激光盘煤仪的主要构成

硬件部分包括安装在堆取料机堆料悬臂皮带头部的二维激光扫描仪、固定在堆料回转齿轮处的回程编码器、集成控制器、工控机、电源及通信连接装置等。硬件部分主要完成原始数据的采集、存储、显示、传输等功能。

软件部分包括激光自动测量系统的测量软件、计算软件、通信和网络发布软件等。主要完成数据的采集、处理、数据库管理、三维模型显示、报表输出等功能。

激光盘煤仪的盘存原理

安装在悬臂皮带头部的激光扫描仪所获得的被测目标的空间距离信息，与固定式回程编码器所获得的位置信息相匹配，通过软件进行系统处理，最终获得被测目标的表面形态和三维坐标数据，从而进行各种量的建模、计算和图形显示。如图 1 所示。

在圆形煤场煤堆空间坐标系中，扫描仪激光发射中心为原点，x 轴为扫描的前进方向，y 轴为堆料皮带右转方向，z 轴为物料堆放的垂直方向，从而构成一个右手三维

图 1　煤场盘存效果图

坐标系。此坐标系中，外方位元素为 $(X_S, Y_S, Z_S, \phi, \omega, \kappa)$。煤场堆料的地平面至扫描中心的距离由激光扫描器测定，回程编码器记录扫描线方向与物料堆放方向 z 轴的夹角 θ，x 轴方向坐标由速度传感器确定。对每一脉冲，$x=0, y=-s\cdot\sin\theta, z=-s\cdot\cos\theta$，每一扫描点的空间坐标可按摄影测量原理中的共线方程计算。

$$\begin{bmatrix} X \\ Y \\ Z \end{bmatrix} = \begin{bmatrix} X_S \\ Y_S \\ Z_S \end{bmatrix} + \begin{bmatrix} a_1 & a_2 & a_3 \\ b_1 & b_2 & b_3 \\ c_1 & c_2 & c_3 \end{bmatrix} \begin{bmatrix} 0 \\ -s\cdot\sin\theta \\ -s\cdot\cos\theta \end{bmatrix}$$

在煤场实际测量过程中，因激光测量扫描仪搭载到固定平台上，从而外方位元素中的角度参量及 Y_S 和 Z_S 均为定值（Z_S 为煤场底面至扫描器中心的距离），该定值在系统安装时已一次性测定，外方位元素 X_S（由速度传感器确定）、S 和 θ 为变量。

$$a_1=\cos\phi\cdot\cos\kappa-\sin\phi\cdot\sin\omega\cdot\sin\kappa$$
$$a_2=\cos\phi\cdot\sin\kappa-\sin\phi\cdot\sin\omega\cdot\cos\kappa$$
$$a_3=-\sin\phi\cdot\cos\omega$$
$$b_1=\sin\kappa\cdot\cos\omega$$
$$b_2=\cos\omega\cdot\cos\kappa$$
$$b_3=-\sin\omega$$
$$c_1=\sin\phi\cdot\cos\kappa+\cos\phi\cdot\sin\omega\cdot\sin\kappa$$
$$c_2=-\sin\phi\cdot\sin\kappa+\cos\phi\cdot\sin\omega\cdot\cos\kappa$$
$$c_3=\cos\phi\cdot\cos\omega$$

根据激光扫描仪获得的测量点（约 0.1 米 ×0.1 米）构成不规则三角网 TIN，再以 TIN 网为表面生成五面体（顶面为斜面、底面为平面的三棱体，如图 2 所示）。

图 2 TIN 五面体

由 TIN 网中每个三角形三维坐标计算每个小五面体的体积：

$P_i=\iint Z_i(x,y)\mathrm{d}x\cdot\mathrm{d}y$

其中 (x,y) 为 TIN 网中第 i 个三角形的平面方程。

可简化为 $P_i=S_i(x,y)\times$ 平均高，式中 $S_i(x,y)$ 为 TIN 网中第 i 个三角形的底面积；

煤场总体积 $=\Sigma P_i, i=1,2,\cdots,n$，其中 n 为三角形的总个数（即小五面体的总个数）；

煤场总储量 = 煤场总体积 × 煤的密度。

激光盘煤仪系统的重要参数

盘煤测量中最关键的几个系统参数，如扫描仪高度、扫描仪旋转半径、取料圆台高度、煤场的内外径等，这些参数的准确度关系到盘煤结果的精度等级。使用全站仪测量这些参数时，基础参数测量取圆形煤场大门口水平面和以大门口为基点所形成的斜面为基准面测量。煤场基础参数如表 1 所示。

表 1 煤场基础参数

#1圆形煤场		#2圆形煤场	
扫描仪高度	34.4米	扫描仪高度	34.4米
扫描仪旋转半径	37.6米	扫描仪旋转半径	37.6米
取料圆台高度	5.06米	取料圆台高度	5.26米
煤场内圆半径	4米	煤场内圆半径	4米
煤场外圆半径	60米	煤场外圆半径	60米

为了验证激光盘煤仪的工作性能和测量精度，对两个圆形煤场某一段时间内，在入厂煤和入炉煤都相应变化后，对比盘煤仪盘出的体积量和皮带秤测得的重量变化，从相对精度、增量精度等方面进行验证。

相对精度

同一煤场在不改变其体积的情况下对其进行两次重复测量，两次测量的结果进行相对误差计算，用两次测量数据差的绝对值除以两次测量数据和的平均值所得的百分数，即为相对精度。相对精度如表 2 所示。

相对精度的计算公式如下：

$R=D_1-D_2/(D_1+D_2)\ /2\times100\%$

由表 2 得出，该盘煤仪的相对精度≤ 1%，系统的相对精度高。

表 2　　相对精度

	D_1（m³）	D_2（m³）	R（%）
#1煤场	93854.1	93587.3	0.28
#2煤场	87429.4	87214.5	0.24
R：相对误差；D_1：第一次测量数据；D_2：第二次测量数据			

增量精度

同一煤场在堆取料机堆、取煤前对煤场做一次全场盘存，堆、取完后对煤场再进行一次全场盘存，计算出煤场体积的变量，该变量与皮带秤所测得的煤变量做对比，两个变量的差值除以变量的平均值即为增量精度。#1、#2煤场的增量精度如表 3 所示。

表 3　　#1、#2 煤场的增量精度

#1煤场的增量精度				
日期/称量	7月31日（m³）	入厂煤皮带秤数（t）	入炉煤皮带秤数（t）	8月5日（m³）
盘存数量	93970	68062	6990	161529
激光盘煤仪计算得出的变化量 =（161529-93970）×0.9（密度）=60803t				
入厂、入炉煤皮带秤计算得出的变化量为68062-6990=61072t				
增量精度误差值=（61072-60803）/（61072+60803）/2=0.44%				
#2煤场的增量精度				
日期/称量	7月31日（m³）	入厂煤皮带秤数（t）	入炉煤皮带秤数（t）	8月6日（m³）
盘存数量	87214	0	32809	50926
激光盘煤仪计算得出的变化量 =（87214-50926）×0.9（密度）=32659t				
入厂、入炉煤皮带秤计算得出的变化量为32809t				
增量精度误差值=（32809-32659）/（32809+32659）/2=0.45%				

由表 3 可看出，增量精度的误差值≤ 1%，满足盘煤要求。

激光盘煤仪使用过程中的问题

煤堆密度的取值难

激光盘煤仪盘出煤场的体积，体积与密度的乘积是该体积下的重量，而密度的取值与煤场中煤的种类、品质等关系密切，尤其是煤的全水分，全水分大的煤种测出的煤堆体积小。密度一般取 0.9，根据测评值和经验值参考现场的实际情况而稍作调整。

煤场底煤的估算难

由于设计的原因，本公司目前的两个圆形煤场的底部未硬化，当取料机取至最低角度 -6 度时，还有部分底煤无法取用，只能通过推耙机进行整理，整理过后的底煤估算存在一定的困难。

盘煤仪基础数据的偏移

因堆取料机的支撑点及堆料皮带的平衡支撑方式，经过长时间的运行，导致堆料皮带扫描仪安装点与煤场基准面的距离有轻微偏移，可能导致扫描点与煤堆距离值发生偏差，应定期校验扫描仪安装高度。

经过近三年时间的运用，该盘煤仪操作简单，性能可靠，精确度高，为公司准确核算发电生产成本，评估经济效益等提供了科学、准确、客观的数据，符合建立数字化煤场、信息化电厂的发展趋势，值得推广和运用。

“信息孤岛”由来已久，整合技术各有千秋。红河供电局应用 IEC61970 标准的共用信息模型（CIM），迈出了有效治理“信息孤岛”第一步。

CIM可消除孤岛噩梦

云南电网公司红河供电局　谭宽

谭宽

经过近二十多年的信息化建设，大部分供电企业都开发建设了生产管理信息系统、电能量采集系统、配电管理系统（DMS）、办公自动化（OA）系统、营销系统、SCADA 等众多应用系统。由于缺乏统一的接口规范和规划，这些系统相互之间基本无法进行数据自由交换。要消除这些“信息孤岛”，达到系统间信息共享，传统的方法是在各个系统间建立独立的接口，导致系统结构越来越复杂，维护成本越来越高。为掌握企业的生产经营情况，不得不在一台计算机上安装各个应用系统，还要记住各个系统的登录账号、密码，并在各个不同的系统间查找相应的信息，然后将这些信息联系起来，才能作为决策的依据。

信息资源整合技术

资源整合与应用集成的分类

应用集成和整合(Enterprise Application Integration)可分为企业内部应用及企业间应用整合和集成两大领域。

“企业间集成”是企业内集成的必然发展方向。通过企业间整合实现电子商务，为企业带来长远效益。实际上，供应链集成就是一种企业间的整合技术。企业间整合的重心是商业社群之间的流程集成。它将集成的对象延伸到了整个供应链上的相关企业以及主要客户。其主要的集成对象为社群内（即企业间）的交易流程、信息共享流程以及协作流程。

整合与集成的方法

应用系统的整合与集成过去比较常用的方法是专用接口的集成方法（如图 1 所示）。这是一种建立在微观基础上的、点对点的技术应用。其主要设计思想是应用面向对象，强调数据之间的联系，并通过硬性编程的方法，针对每一应用建立紧耦合的、捆绑式的数据关系。在这种情况下，企业的信息框架是自然堆积成的，它是网状的、复杂的、不直观和低效的。

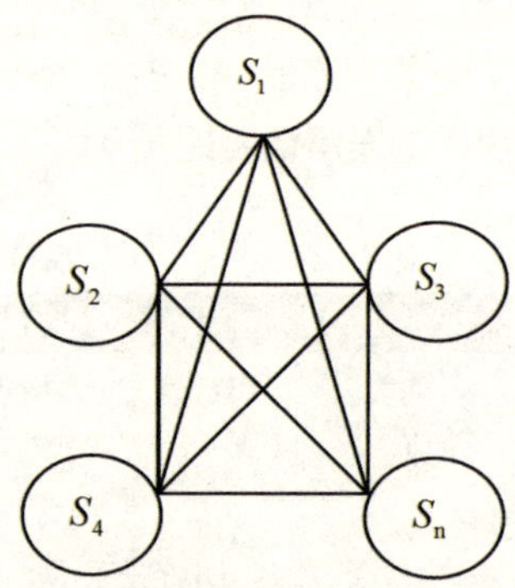

S_i：应用系统 i，i=1，2，3，…，n

图 1　专用接口集成方法

应用这种方法必须弄清各应用系统的核心过程与数据传送路线，针对每一个实施项目进行大量的、琐碎的订制工作。当这种集成与整合的工作有新需求的时候，无论是软件更新，还是添加新业务，这个“噩梦般的过程”必须再来一遍，而且往往是从头来。这种周而复始的集成，让企业旧有的、封装的或订制的应用软件集成起来相当困难。特别是对没有良好规划的系统，整合的难度可能比重新建立一套系统都大。

基于专用接口方法进行整合，工作相当复杂，维护花费很高，是不可靠的战略。

随着技术的积累与发展，应用系统的集成方案必将被软件基础构架的整合与集成方法所取代（如图 2 所示）。基础架构是关于系统或者应用程序的整体结构的一种抽象视图，是软件系统的基础。它定义系统级结构属性，对定义一系列子系统、子系统

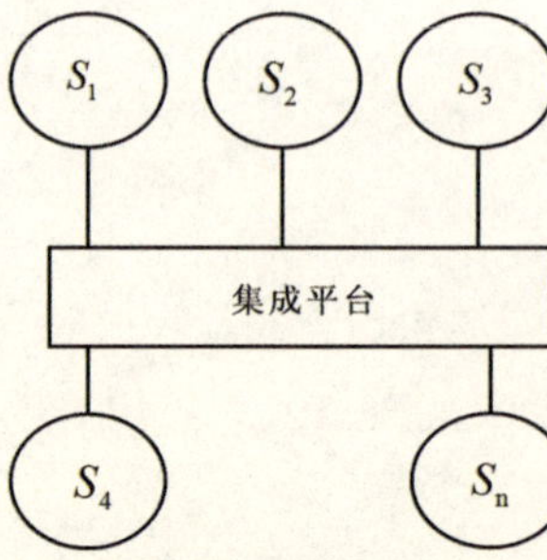

S_i：应用系统 i，i=1，2，3，…，n

图 2　软件基础构架集成方法

之间的关系和组织这些关系的规则，并对子系统的结构产生影响。软件构架的方法是建立在抽象视图上的一种技术应用，通过优秀的底层结构和组件技术来建立横贯系统标准且开放的接口总线。其主要设计思想是应用面向体系和框架；其主要特点是强调"隔离"或"分隔"各系统之间的联系，使各应用系统成为一个个独立的"黑箱"，再通过标准化的接口总线建立它们之间的联系。

公共信息模型

公共信息模型（CIM）定义了电力系统模型的基本结构，为应用间共享的信息提供一个公共的语言。采用公共信息模型（CIM）来交换电网数据已在电力行业达成共识。在国外进行的六次互操作实验及在国内几大EMS生产厂家之间进行的五次互操作实验，验证了CIM完全可以作为电力企业进行数据定义和数据交换的标准。

平台结构及特点

平台结构（如图3所示）

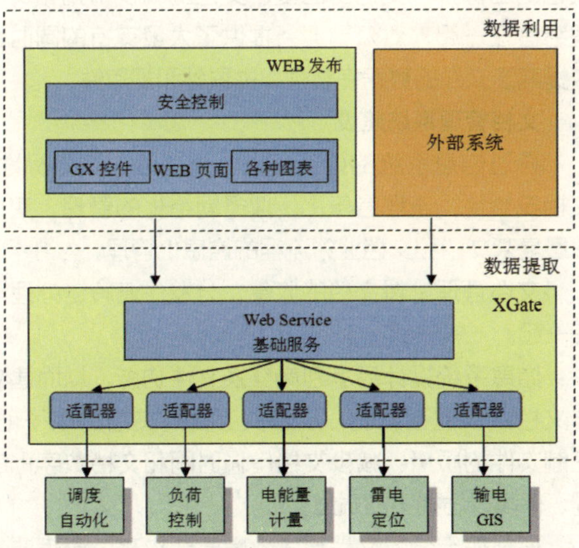

图3 平台结构

根据红河供电局目前的现状和需求，本次信息系统整合将先实现调度自动化系统、负控系统、电能量管理系统、雷电定位系统及输电GIS系统之间的整合及应用。

XGate（通用数据网关）主要实现的功能是从各个业务系统中查询到数据，并采用Web Service接口方式提供给外部系统使用，其数据格式采用XML格式。各种类型、各种平台的应用系统都能够方便、快速地通过接口访问数据。

XGate和数据之间的访问通过各种适配器来实现。在适配器中，数据来源可以支持数据库、文件系统、TCP/IP、串口模式等，方便将各种不同的系统数据接入DEEP；在适配器的设计上考虑到系统的多样性和复杂性，DEEP平台可支持用户灵活方便扩展适配器的功能，方便日后对系统的扩充。

WEB信息发布是DEEP的数据表现方式之一，它建立在XGate之上，通过XGate查询到各个系统的数据，采用WEB页面的方式将数据展现出来。数据表现形式可根据业务特点进行显示。例如，对于GROW系统的数据，WEB发布将采取GX控件，将用户电网信息用图形化的方式展现出来；而对于MIS系统的设备台账资料则可以采用表格的方式展现出来；对于负控的数据，系统则能够采用曲线图的方式展现出来。

数据网关通过适配器模式来屏蔽各类系统的差异。通过增加（删除）新的适配器可以对数据网关的功能进行灵活配置，这种灵活性是由数据网关的配置文件提供的。

平台特点

建立基于IEC 61970标准的中心数据库、统一的数据网关，采用数据同步、合并、联邦的数据整合技术对SCADA、电能量采集系统、负荷控制系统、输电GIS、雷电定位系统、缺陷系统、检修试验管理系统的数据整合，实现这些系统的信息共享。

信息整合平台将多个系统的数据整合之后，将提供统一的信息综合发布平台。该发布平台能够为已经整合的多套系统之间提供基于业界标准的相互访问模式，还可以让外部其他应用和系统能够方便地访问已经整合的多套系统所建构的系统数据集合。

目前红河供电局已在该平台的基础上开发出购、售电管理系统和综合报表系统。

核电站工程技术尖端、接口复杂、工期久长、投资巨大，其文件和档案被视为各项活动的前提和基础。如何管理数量多、类型复杂、时效要求高、质量要求严的核电电子文档，值得电力企业学习借鉴。

解析核电电子文档管理

台山核电合营有限公司　陈振华

陈振华

在核电站建设和运营过程中，每一项活动都会产生相应文档。文件是核电站建设和运行的依据和工具，文档是各类活动质量、安全、进度控制的基础，档案是电站建设和运行的历史记录和成果。

核电电子文档具有文档数量多、文档类型复杂、时效要求高、质量要求严等特点。为了更好地管理核电电子文档，保障核电站建设和运行的顺利进行，符合国家相关法律法规的规定和要求，在建立公司级文档管理体系时，以文档全生命周期管理为理论指导，以公司业务需求为核心，从全公司文档整体管理角度思考，建立公司文档管理组织结构、规范制度、程序体系和信息系统。

文档全生命周期管理理念

各类制度和程序制订时，要树立与文档管理各环节融合的理念。例如，文档数字化过程和元数据的标准重点融合档案的要求，强调在文件接收时主要元数据的完整性和准确性；文档格式的要求中提前考虑文件整理归档时的要求；文档间关联性说明考虑以后文档归档和查询利用的要求。

对电子文档从产生到永久保存或销毁的整个生命周期进行全程管理，将文件管理和档案管理进行融合。将文档形成、流转、收集、整理、保管、鉴定、检索、利用、统计、编研等环节有机联系在一起。

文档管理业务与公司业务紧密结合

调研公司业务管理，将各类文档的管理融入到业务流程中，使文档业务流程与公司业务流程紧密地结合在一起。站在全公司业务管理角度思考文档管理范围，建立覆盖公司工程建设、生产准备、生产运营、公司管控等各方面的文档管理。同时，考虑与国内外各主要承包商提交文档的兼容性。

考虑公司业务的特点，将工程建设对文档的审查、文档的主协办、文档的回复、文档的编校审批和文档管理结合在一起，对公司业务提供了大量支持的同时也有效提高了文件的数据完整性、关联性和规范性。

文档管理系统建设

通过信息系统的建设，进一步加强对数据标准化、文档安全性、流程信息化、业务网络化的管理，实现对海量复杂文档和文档业务流程的信息化管理。

文件管理：将文档的收集、分发、流转、办理融合在一起。

信息系统设计与承包商交换文件功能，从而建立整体文档接收检查机制，从源头上提高文档的电子化率、控制文件的质量、减少文档传输时间和文档数字化的时间，保障以后档案的质量。

根据每天分发文档量大、精度要求高、流转要求快的特点，设计以信息系统自动匹配分发为主、请示分发为辅的文件收发体系，通过分发矩阵匹配、历史分发信息匹配、关联文档分发匹配等功能，提高工作精度、准度和效率。

统一信息平台管理公司各类文档，可加强文档间的升版、受影响、回复、审查、取消替代等关联性，提供文档的审查意见、办理意见、主协办人员等信息的可追溯性，丰富的数据信息使普通用户可以较为简便文件的进行多角度的查询利用。

档案管理：将档案的收集、整理、组卷、检查、封卷、

台山核电合营有限公司全景图

开卷、鉴定、销毁等各个环节联系在一起。

为了有效加强统一管理实体档案和电子档案，设计了多个元数据加强实体档案和数字档案的联系及其对应，各类信息打印等功能辅助实体档案的制作。归档计划及其跟踪机制的设计，提高了档案收集的及时性和完整性。通过文档归档流程中各角色对应的责任，明确了各方在归档过程中的职责，完整记录各批次档案归档过程，提高档案制作的效率和移交过程的可追溯性和高效性。

根据档案类目信息的特点，建立了较为灵活的类目管理，便于随时调整和配置。对于案卷的操作，根据人员角色不同其对应的权限不同，有效明确各环节的责任，记录对案卷的完整操作，提供档案管理人员的责任心。

根据环境不同，同一操作提供多种渠道和操作方式，可灵活批处理，提高案卷质量和制作效率。对档案的鉴定和销毁等环节慎重处理，相关权限的人员填写各类审批单并审批通过后才可操作，不做物理上的销毁只做权限的设置，有效保护档案。

设计了 OCR 识别、全文检索、案卷和卷内文件信息结合检索、在线利用等利用工具，大大提高了用户检索利用效率和案卷的利用率。

针对实体档案借阅到期回收的问题，实行借阅电子化审批、电子化利用、权限自动控制和到期权限自动回收等机制，在方便利用的同时提高相关信息的安全性。

为加强与案卷产生者的沟通，提高档案管理人员和兼职人员的档案管理水平，进而提高案卷质量和制作效率，建立了在线业务检查指导，便于及时便利地解决问题，提高档案工作的水平和满意度。

将实体档案和实体档案馆的管理集成到系统内，方便进行出库、入库、各类档案馆检查记录等库房管理。

文件和档案结合：把公司文档管理主要业务流程纳入系统中管理，进行基于全电子化的文档业务流程管理。

统一文档业务管理平台，专门考虑了文件和档案各种渠道的转化过程、相关责任的转移和文档权限的改变、案卷和卷内文件的形式，提高了文档及其数据的复用性。同时整个文档业务流程通盘考虑，每个业务流程既相互独立又相互衔接。单个流程的更新调整不影响其他流程的使用，所有流程共用相关的系统功能。各个流程间可进行灵活地接口组合。同一平台管理实现数据和文档的复用，保证文档的完整性、准确性和可靠性。实现文档的前端控制，提供档案的质量和同一标准。

在满足业务流程要求的同时，配套设计和开发一系列个性化功能，例如：为实现各部处实时对本单位办理任务，设计监督任务监控功能；为各部门处需要办理文档集的统一展示，设计部门文档卫星库功能；为实现任务委派设计代理功能；为系统自动提示任务被同组授权人员办理后其他人办理任务，设计提示功能；为方便快速处理任务，设计批量办理任务功能等。

建立统一的文档信息数据管控中心，实现对信息系统和文档管理安全性和保密性控制。该系统设置了完整的动态权限体系，文档在不同环节的状态对应不同人进行不同的权限设置。将主要文档进行加密处理，保证公司文档信息资源的安全，数据和文档备份方案，可进行及时数据恢复和处理。

用电信息采集系统的建成投运，从根本上解决了原来集中抄表系统功能单一、设备技术标准不规范、多个厂家多个应用系统并存、数据不能互通共享的局面，实现了“三通一标”的建设原则。

用电信息如何采集

河南省电力公司濮阳供电公司　裴富中　张达巍　王晓东

用电信息采集系统建设工程是河南省公司的试点项目，也是国网公司的试点单位。濮阳供电公司（以下简称公司）严格执行国家电网公司的有关标准，精心编制建设方案，明确工作流程，制定规章制度等，确保了用电信息采集系统试点工程按期完工。

系统建设原则

统一规划、分步实施。按照集约化发展、标准化建设的管理要求，坚持统一领导、统一规划、统一标准、统一组织实施的原则，总体部署、分步实施、有序推进，统筹安排采集系统建设，确保系统建设顺利实施。

继承与发展相结合。对现有各类采集系统进行分析和评估，根据采集系统建设有关标准和规范，充分挖掘、利用和延展现有系统的潜力，积极探索现有系统的升级改造，充分利用现有系统的软硬件设备和网络资源，继承有价值的数据资源。同时，要考虑本地区未来发展趋势，把握内外部环境变化，使规划能满足未来发展的需要。

实用性与前瞻性相结合。坚持满足近期需求和实现远期目标相结合，既要体现前瞻性，又必须有较强的现实指导性。采集系统既要立足于营销管理和服务的各项业务需求，促进营销工作的标准化、规范化和现代化，又要结合坚强智能电网发展和建设需求，积极推广应用相应的先进技术和设备。

先进性与可靠性相结合。选择成熟的先进技术和设备，兼顾采集系统的安全性和可靠性，实现采集系统先进性与可靠性的有机统一。

系统具备的功能

通过需求分析，按照电力用户性质和营销业务需要，划分为六种数据类型，系统中采集设备采集的主要数据类型：

电能数据：总电能示值、各费率电能示值、总电能量、各费率电能量、最大需量等；

交流模拟量：电压、电流、有功功率、无功功率、功率因数等；

工况数据：开关状态、终端及计量设备工况信息；

电能质量越限统计数据：电压、功率因数、谐波等越限统计数据；

事件记录数据：终端和电能表记录的事件记录数据；

其他数据：预付费信息等。

各类电能量数据采集到同一个平台，实现“四分”线损管理，线损数据自动统计分析；用电信息采集系统与营销业务系统无缝对接，数据自动同步，电能示值自动导入营销系统，实现电费自动核算发行；用电信息采集建设与配网降损改造相结合，通过计量装置改造，使配网综合线损率得到有效控制。

工程建设管理

立足“三个超前”，统筹开展采集系统建设工作

基础工作超前。公司不等不靠，超前做好各项准备工作；制订了详细的工作计划，明确了工作步骤、时间节点和工作目标；开展了营业大普查，从营销系统中调整线路与台区、台区与低压的母子关系，使变电站、线路、线段、台区到计费户的关系清晰准确，完善了各项基础数据，做到先行一步。

工程设计超前。公司坚持“高起点、高定位、高标准”，不断优化设计方案，争创亮点工程。本着“充分利用，按需改造，统一标准，因地制宜”的原则，制订详细的建设方案和改造计划。结合实际情况，研究制订了用电信息采集系统建设工程技术方案、施工方案和建设计划，编制了《工程初步设计》，形成了七大系列 112 项建设标准和规范，为精益实施工程建设奠定了基础。

队伍建设超前。为确保工程施工质量和工艺，公司提前聘请专家对参加施工的技术人员就安全施工、质量控制、工艺提升、资料整理等方面进行了系统培训，组织有关技

术人员在现场为施工人员详细讲解表箱、采集终端联合安装方法以及箱内互感器、开关、电表、采集终端等设备接线方法，促进了施工人员安装技术水平的提升。

强化“五项保障”，倾力打造国网系统精品工程

有力的组织保障。成立了以总经理为组长的工程建设领导小组、以主管营销的副总经理为组长的工作小组和以营销部主任为组长的项目实施组，确定了“高标准、严要求、细管理、铸精品”的建设目标，抽调精干人员组建精诚团结、严谨高效的工程项目管理部，全面负责项目实施工作，营销“一部五中心”有关负责人全程参与工程建设，按照职责分工，积极协调本部门相关工作，理顺工程管理环节，为工程顺利开展提供强力支持。

完善的制度保障。公司先后制订了用电信息采集系统建设《工程管理办法》、《工程物资管理规定》、《系统调试管理办法》、《客户服务办法》、《用电信息采集系统运行管理办法》等一系列规章制度，完善了工作流程，细化人员职责，为实现工程规范化管理提供了保障。建立健全奖惩机制，把握智能电表安装等关键环节，明确工程施工人员、计量人员、抄表人员和账务审核人员的职责，形成表底数据四级审核体系，杜绝了系统建设中因装拆表、抄录表底错误造成电费差错现象，实现电费无差错管理。

严密的过程保障。公司本着对工程建设质量高度负责的态度，加强过程质量控制，创新思维，注重细节，确保了工程建设高效有序推进。推行日例会制度，编发每日工程快讯，通报工程进展情况，列出问题清单，打通梗阻环节。引入赛马机制，每天公布项目负责人和施工单位工程进度排名，形成了“比、追、赶、超”的工程建设氛围，大大提高了工程建设的速度。实施项目经理负责制，与施工单位签订施工合同，明确工程质量、进度目标，做到“安全、质量、进度”协调推进。加强工程监理，选定经验丰富的监理工程师，及时发现和处理工程建设期间出现的各类问题，为确保工程建设质量创造了条件。开展“飞行检查”，成立工程建设稽查组，对工程建设全过程进行稽查，督促施工单位持续提升施工质量，消除安全隐患。

顺畅的沟通保障。河南省公司多次组织召开推进会，并选派驻系统专家、顾问长期在濮阳现场指导工作，帮助解决技术难题，明确努力方向，提供了全面而有效的管理指导和技术支撑。工程建设初期，曾出现因供货厂商履约合同能力差，造成物资设备供货滞后、影响工程进度的现象。濮阳公司编制设备日供货情况，及时汇报省公司。省公司召开设备供货协调会，督促供货厂家签订承诺书，强化厂商履约能力，确保了工程进度。在采集终端调试阶段，出现了通信规约不一致、地址冲突、GPRS 信号不稳定等问题。公司邀请省公司电能采集项目组成员、厂商技术人员、移动公司客户经理与施工人员现场“会诊”，编制通信技术组合方案，分析通信技术与应用环境的测评结果，制订出了一套完整的采集终端安装调试工作方法，为后续工程的顺利开展提供了宝贵的实践经验。

严格的验收保障。公司成立了用电信息采集建设验收委员会，下设综合资料、数据对接、台区设备等 8 个验收组。制订了《工程验收管理办法》，编制工程竣工验收方案和验收细则，对施工工艺、施工质量、数据采集等内容逐项进行检查验收，对不符合要求的项目坚决进行整改，实现“零缺陷”移交，着力打造精品工程、放心工程。

实现五项提升

提升了线损管理水平。实现了线损实时分析功能，进一步提升了线损管理水平，做到了线损“四分”（分电压等级、分区域、分线路、分台区）管理，使配网线损率得到了有效控制。

提升了电费管理水平。可及时将采集数据导入营销系统，加快了采集系统实用化进程。实现了计量、抄表、结算自动化，大大提高了电费回收的工作效率。

提升了负荷监控水平。可实时监测电压、电流、有功功率、无功功率、功率因数、开关状态等运行信息，及时发现各公变台区及专变负荷过载、三相不平衡，不仅能够有效指导配网规划及业扩建设，还能及时发现计量回路故障及可能的窃电行为；通过现场设备安装、系统调试，完善了用电信息采集系统远程停送电功能，实现了对用户的“费控”管理，提高整个电网的安全经济运行水平。

提升了成本管理水平。通过系统开展远程抄表、用电异常检查、电费催收、公用台变的负荷实测与分析等功能，改变了以往需人工现场操作的传统模式，人员投入得以相应减少，工作效率大大提高，为居民阶梯电价政策执行奠定了良好基础，同时也避免了现场作业的安全隐患。

提升了指标完成率。用电信息采集系统实现了采集覆盖率 =100%，主站可用率 =100%，一次采集成功率≥ 98.5%，日周期采集成功率≥ 99.9%。

电网自动化智能型辅助指挥系统是自动化功能的一项延伸，其综合了计算机、通信等技术在调度自动化领域的应用，为调度、集控站、变电站、办公室、营业厅等各部门提供了现代化管理手段和基础保证。

无人职守于无形

郑州供电公司上街供电局　马敬　马佳　孙明浩　张新渝　王保娟

马敬

电网自动化智能型辅助指挥系统是针对电力系统无人职守变电站日益增多，为保障电网安全经济运行和提高对电网事故的处理效率而开发的（如下图所示）。

系统主要包括接收处理器、系统服务器、发送处理器、指挥工作台等设备。

接收处理器用来负责接收SCADA系统的电网信息。当分析到异常信息时，将异常信息送人服务器的数据库。同时对所有进人本网的计算机发布广播报警信息。

系统服务器用于提供数据库服务和网络服务，将收到的信息进行转换，送人发送信息数据库表。

发送处理器从服务器的数据库中读取需要发送的数据资料，语音卡将发送的信息转换为语音，按照需要发送的内容拨号，采用HELLO应答方式进行通知；无线发送模块将信息转换为AT指令集的PDU格式，将信息通过发送处理器发送到无线数据中心，并检测接收无线数据中心的回送报告。

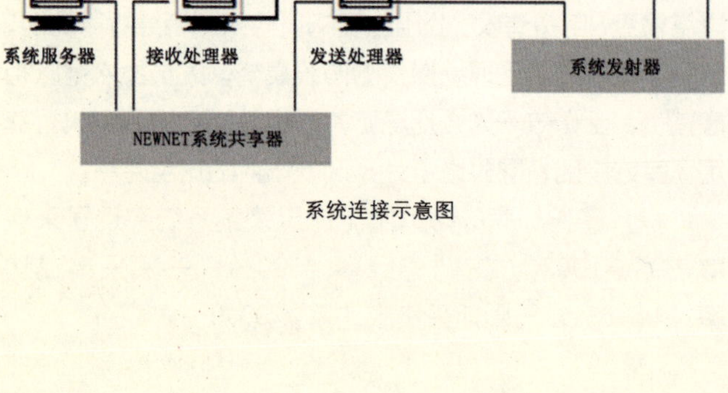

系统连接示意图

指挥工作台指在办公室、调度、集控站安装的指挥台工作软件，该软件可以单个或分组发送指挥信息。

系统实现的功能也比较多。例如，变被动处理为主动监视，系统自动对重要参数和状态进行实时扫描，及时发现潜在的异常和故障，并通过音响、短消息或语音提示等方式通知值班员，以便得到及时处理，减轻了值班人员的工作负担。

系统实现了对自动化门禁、温度、火警、浸水、空调、UPS电源、配电状态等参数的在线监测和记录，以及对网络设备状态和网络连通性的监视，对异常情况报警，保证自动化系统运行环境的安全。

自动检测到电网异常信息会自动发送到需要通知的手机、自动拨号到需要通知的电话上去。也可以由调度员、集控站值班员手动控制发送相关通知信息到各级领导、调度员。

系统可以任意分组向电力客户发送停送电通知，节约通知停电的费用，可以通过手机短信催交电费，节约人工通知费用。

所有通知内容均带有汇报功能。可以查证被通知人是否收到通知信息。使得每一个故障处理都能落实责任到人，处理的过程也能成为后续值班人员的经验。通过对故障历史信息的分类统计，对易故障设备提前提出整改方案。

"一刀切"是理论上的做法，实际运用中会受到多种因素的制约。比如内、外网隔离，方案多种多样，需求也各形各异，针对不同的使用环境若非因需制宜似乎难以实现。

内外网隔离要因需制宜

陕西宝鸡供电局信通中心　谭宏　蔡忠林

谭宏

随着电力企业信息化的快速发展和信息技术的升级换代，信息安全越来越重要。目前电网企业内、外网络从物理链路和设备上已实现物理隔离，各级人员如何安全地访问企业内网和外网成为信息安全的新问题。

目前用于内网、外网安全隔离、访问的主流技术主要有以下几种。

双主机KVM显示切换技术。其核心思路为配置完全独立的双主机和1套显示器，分别接内网、外网，两台主机通过KVM切换使用显示器。优点是安全性最高，连接内网、外网2台主机相互独立，内网、外网均可在线访问，不需重启。缺点是双主机硬件空间占用较大，硬件无法整合使用。

单主板安全隔离计算机。其核心技术是BIOS和双硬盘技术，将内外网络转换功能做入BIOS中，将网卡插槽也分为内网和外网，通过BIOS控制内网、外网和硬盘的访问。优点是仅需配备1台隔离机，不存在兼容性问题，使用方便，也更安全，价格界乎双主机和带隔离卡方案之间。缺点是内网和外网均无法在线访问，需切换重启。这种安全电脑的制造成本仅仅增加了25%左右，用户通过单键切换来选择内网或外网的访问，它是目前企业内外网络物理隔离环境下，办公终端层安全访问内外网的有效解决方案和途径。

加装网络安全隔离卡技术。通过在计算机主板上安装双网隔离卡，如中孚隔离卡K711，控制内外网访问和双硬盘访问，实现两个网络和硬盘物理隔离，两者相互闭锁，不能同时启用。优点是价格低，使用方便，能满足安全需要，通过隔离卡单键关机切换和重新开机即可分别访问内网、外网。缺点是可能存在硬件兼容性差、运行不稳定、内网和外网均无法同时在线访问、需切换重启等问题。

网闸解决方案。隔离网闸是一种由专用硬件在电路上切断网络之间的链路层连接，能够在物理隔离的网络之间进行适度安全数据交换的网络安全设备。当用户网络需要高强度的安全，同时又与其他不信任网络进行信息交换时，如果采用物理隔离卡，信息交换的需求将无法满足；如果采用防火墙，则无法防止内部信息泄露和外部病毒、黑客程序的渗人，安全性无法保证。在这种情况下，隔离网闸能够同时满足这两个要求，又避免了物理隔离卡和防火墙的不足之处，是网络之间物理隔离后数据交换的最佳选择。但由于隔离网闸工作在数据链路层，不符合目前内外物理隔离的安全环境规定。

综上所述，在信息设备选配时，对外层领导可采用触摸屏一体机与单主机通过KVM切换的方式实现对内外在线切换访问。对中层领导直接选用较为安全的"内外网隔离安全机"，进行内外网的安全隔离与在线切换访问。对于有互联网业务和办公需求的原内网办公电脑加装安全隔离卡等安全设备，升级成双网隔离机进行内外网切换访问。

在网络部署方面实行内、外网独立两套线路，规划两套地址，每台单机地址及端口与核心交换机进行物理"一对一"绑定，防火墙设备做相应的安全策略及网管措施；软件方面配套桌面管理软件、网络版防病毒软件和360安全卫士软件进行安全策略、防病毒、漏洞扫描、补丁更新等综合防护。这三重技术结合运用实现双机KVM切换或"一机上双网"的安全隔离访问内外网的办公目标。

陕西宝鸡供电局在实施上述方案后，还出台了相关信息安全管理制度，进一步规范了内、外网及有关信息安全管理流程和质量记录，在安全性、成本、效率、用户满意度等方面取得了明显效果。在管理和技术双重驱动下进一步加强了信息安全管控水平，优化了资源配置，节省了购机成本、能耗成本以及办公空间成本，提高了各级管理人员对内外访问的及时性和安全性，提高了工作效率，具有明显的安全效益和经济效益。

技术能解决的问题都不是问题，所谓问题一般出在制度执行时的宽严之间，对于终端安全尤其如此。“多管齐下”更需要“管”间联动。

终端安全　多管齐下

芜湖供电公司　金在全　李涛
安徽南瑞继远软件有限公司　杨德胜
芜湖海事局　曹文婷

金在全

随着各集团企业信息化建设全面展开，计算机终端数量在不断增加，终端接入方式越来越多样化，终端用户越来越复杂，对访问控制和监控的安全管理难度和复杂度都在增加。如桌面终端随意接入、软件随意下载、恶意病毒和代码难以控制、软件版本繁多、缺少针对性的安全措施等内网安全隐患。因此加强计算机终端安全管理势在必行，应采取多管齐下，技术手段与管理手段相结合、教育与宣传相结合的办法来保证终端安全。

绑定 IP 与 MAC

在内部网络使用中，时常会出现 IP 地址冲突和不明设备突然接入内部网络的情况，给地址资源的分配和使用造成混乱，一旦发生信息安全事故，不利于追查相应地址快速排除故障。如果有人故意更改具有特殊权限的 IP 地址，访问未授权的网络资源，将严重危害网络安全和企业利益。将 IP 地址和 MAC 地址进行绑定可以对接入设备进行核对，有效阻止不符合身份认证的设备接入及访问内部网络，让非法用户不能获得访问公司各应用系统的权限，实现内网入网和运行时的可控性。

具体做法包括建立设备接入安全检查和审批流程，将 IP 地址、设备和责任人之间形成严格的、固定的一一对应的关系，通过多种方式（Telnet 仿真、SSH 仿真）连接三层交换机，实现 VLAN 管理，DNS 管理和 DHCP 管理等。达到降低信息管理部门运行维护压力、降低网络安全风险、优化网络拓扑结构和提升管理能力等目的，为企业今后的网络增长打下良好的基础。

加强移动存储介质管理

移动存介质的随意使用，是造成信息泄密和计算机病毒传染的主要途径之一，因此加强移动存储介质的管理对强化公司信息安全具有重要意义。对移动存储介质的管理主要从技术和制度两方面着手。

首先建立安全的身份认证系统，防止未经授权的用户使用涉密存储介质获取敏感信息，解决载体的身份问题，即认证授权、访问控制；其次加密处理移动存储介质上的信息，只能通过解密程序或密码才能打开，解决数据的存储问题；最后对企图使用未授权移动介质的行为进行监控，对使用过程中的读、写、复制等进行监控，解决介质的使用问题。

在管理措施方面，移动存储介质应做到专人专用，移动存储介质里不得存储公司加密文件，公司外来人员

芜湖供电公司

不得将自己的移动存储介质私自插入公司内网。另外，公司移动存储介质按人员进行配发，只允许在内部网络使用。若需转移存储保密数据，必须使用加密移动存储介质来进行转移，且需在使用前格式化，并在使用后立即删除保密数据。加密移动存储介质严禁外送维修，以保证信息不被泄露。不再使用或报废的加密移动存储介质，应采取保密技术手段确保其所存储信息不可恢复或进行物理销毁。销毁加密移动存储介质须经公司领导批准，并履行登记、相关人员签字等手续。

实现单机单网，杜绝一机双网

信息泄密的另一个途径是双机双网。一旦机器在互联网中被黑客植入了木马，黑客就可以通过控制这台机器来访问公司内部网络，窃取有价值的信息，造成重大信息安全事件。因此应严格执行专网专用，单机单网，实现互联网与公司内部网络物理强隔离，避免公司内部信息通过互联网泄密。

制订有效的安全管理制度

制订信息安全方针，明确信息安全方针及落实措施和控制要求。包括信息安全管理机制、人员安全、法律法规合同中的安全、风险评估、报告安全事件、监督检查、业务持续性、违反信息安全的惩罚等措施。信息安全方针应正式颁布，并通过培训、发放以及在公开、醒目场所张贴等形式将信息安全方针传达到所有员工和外部相关方。此外，应建立包括人员安全管理、系统建设管理、系统维护管理等在内的安全管理制度。

加强对公司员工的信息安全教育

加强公司员工信息安全教育的目的在于强化员工的信息安全意识，提高员工的安全防护能力，从而提高本公司的信息安全水平。因此，要求所有计算机用户必须接受基本信息安全培训教育，包括网络与信息安全技术的基础知识，公司信息安全方面的各项规章制度和用户行为规范，计算机安全防护知识，比如操作系统补丁和防病毒软件的安装、更新，个人电脑防火墙的使用，计算机病毒种类、危害、传播方式、感染后的症状等基本知识，对病毒感染后的计算机进行简单处理的技巧，相关信息系统用户口令更改步骤等。对包括信息管理人员、信息安全专业人员系统管理员、重要系统操作人员等的信息专业人员，除接受基础培训外，还需要增加信息系统安全技术、网络安全技术、企业内部信息系统的整体布属和公司网络安全布属情况、信息安全突发事件处置程序、计算机软硬件故障的排除方法等专业培训。

构建适度信息安全保障体系，确保公司业务数据在存储、传输和使用过程中的安全，对保障信息系统持续、稳定的运行和重要业务操作行为的可审计意义重大，不仅关系各类信息系统在不同时期、不同条件下的安全可控，也关系公司安全稳定发展。

电厂网络性能过分依赖于设备的标称理论值，普遍存在着网络性能利用不充分、数据可靠性不高等问题。如何用低成本、易实施的方案解决此类问题，如同让傻瓜相机使用者掌握专业相机的高性能一样，关键在方法。

链路聚合让网络优化零成本

河北大唐国际张家口热电有限责任公司　贾兵林

贾兵林

网络在电厂的生产运行和日常办公中起着举足轻重的作用，是电厂信息化建设的重要组成部分。由于电力工业生产的特殊性，与普通网络相比，电厂网络对网络的性能、稳定性、可靠性有着更高的要求。但在电厂现有的网络中，普遍存在着网络设备更新慢、更新周期长、更新成本高等现象。另外，电厂网络设备升级后，由于缺乏正确的网络性能评价方法，无法及时发现网络实际使用中的瓶颈，新网络设备的性能不能充分发挥，因而性能调优也就无从谈起。

在电厂网络中，通常采用集中式、分布式或集中分布相结合的混合式主干网络拓扑结构。主干网络通常采用光纤、光纤交换机等性能较高的网络设备，在主干网络的重要节点上布置邮件服务器、DNS 服务器、文件服务器等。主干网络通过下一级交换机与大量子网相连，进而连接着数量众多的终端。而这些终端通常用于生产和办公，网络的不稳定和拥塞给生产和办公带来极大的威胁。这就要求网络具有较高的性能，而反映网络性能的最直接参数是网络带宽。

表 1 给出了某电厂主干网络上服务器的实际最大带宽及稳定时的工作流量。

从表 1 可以看出，服务器的最大带宽仅为 960Mbit/s，稳定时的工作流量约为 920Mbit/s，服务器的网络带宽已经接近最大值，并成为瓶颈。然而服务器配置的网卡为双口千兆网卡，最大带宽为 2×1024Mbit/s，存在网卡端口资源的极大浪费。因此，有必要充分利用网卡端口资源，以提高网络服务器的带宽，从而提高网络的性能。

链路聚合是将两个或更多物理链路形式的数据信道整合成一个具有更高带宽的数据逻辑信道。如果聚合的

表 1　　优化前主干网络服务器的带宽

网络配置：
服务器：IBM346，双口千兆网卡*1，2GB内存，Xeon处理器(2核)，Redhat Enterprise Linux4.5
测试端：HP ML570-G4，Xeon处理器(4核)，双口千兆网卡*2，内存2GB
核心交换机：Quidway S8505
网络最大带宽测试工具netperf：是一款基于内存级别的网络带宽测试工具。（在内存中自动生成稳定的测试数据，不会引入磁盘读写速度的干扰）
网络端口总数2个，使用中的网络端口数量1个，空闲中的网络端口数量1个，测试次数8次

测试次数	1	2	3	4
服务器CPU利用率（%）	45	46	46	44
带宽（Mbps/s）	915	920	916	922
测试次数	5	6	7	8
服务器CPU利用率（%）	52	40	48	47
带宽（Mbps/s）	960	910	920	920

每个链路具有不同的物理路径，则聚合链路同时也提供冗余和容错。其特点如下：

带宽增加，提高网络资源的利用率。链路聚合后逻辑链路的带宽比原来增加了大约 n−1 倍（n 为聚合的路数）。

增强可靠性。链路聚合后，可靠性提高。n 条链路中只要有一条可以正常工作，这条链路就可以工作。

负载均衡。链路聚合可以实现负载均衡。通过链路聚合连接在一起的两个（或多个）交换机（或其他网络设备），通过内部控制，可以合理地将数据分配在被聚合连接的设备上，实现负载分担。

因此，链路聚合技术适用于主干网络上需求较大带宽的设备之间的连接，可以让链路带宽具有非常好的伸缩性，使链路的带宽接近成倍地增长，比如主干网络上的交换机之间或交换机与服务器之间的连接。

大唐国际下花园发电厂主干网络核心交换机支持链路聚合技术，为提高网络带宽及网卡端口资源的利用率，对其优化宜采用链路聚合技术。要点如下：

配置交换机端的链路聚合。在核心交换机（Quidway S8505）上，利用链路聚合功能，将指定的 n 个端口上的物理链路配置成聚合链路，其中 n 等于服务器上的网络端口的数量。

配置服务器端的链路聚合。根据服务器操作系统的类型，安装相应的链路绑定软件。由于服务器采用 intel 网卡，故可以采用 intel 的 Advanced networking services 链路聚合软件。对 Quidway 公司的网络设备，则可以采用 Quidway Fast Ether Channel（快速以太网信道）技术来实现链路聚合。

表 2 给出了链路聚合优化后，服务器带宽的变化。对比表 2 和表 1，可以看出采用链路聚合技术优化后，服务器的最大带宽增加为 2004Mbit/s，稳定时的工作流量约为 1830Mbit/s。

链路聚合技术不仅适用于服务器与交换机之间，同样也适用于千兆比特以太网交换机之间的性能优化。利用链路聚合技术实现网络性能优化的方案能有效地扩展网络带宽，提高网络实际利用率，优化服务器与交换机之间以及交换机之间的网络性能。随着服务器聚合的链路数的增加，服务器的稳定带宽成倍增加。在数据流量一定的情况下，不需要增加额外的网络设备也能有效地提高访问速度，优化网络，从而实现网络优化零成本。该方案成本低、易实施，是短期内快速提升网络性能的可行方案。

表 2　优化后主干网络服务器的带宽

网络端口总数2个，使用中的网络端口数量2个，空闲中的网络端口数量0个，测试次数8次				
测试次数	1	2	3	4
服务器CPU利用率（%）	76	79	79	82
带宽（Mbps/s）	1810	1825	1828	1862
测试次数	5	6	7	8
服务器CPU利用率（%）	78	82	89	84
带宽（Mbps/s）	1830	1843	2004	1844

信息化助力企业腾飞

——贵阳供电局信息化建设之路

贵阳供电局总工程师 任勇

贵阳供电局承担着贵阳市云岩、南明、金阳、乌当、白云、小河、花溪、修文、开阳、息烽、清镇以及黔南州的龙里、惠水、长顺、罗甸15个区、县、市的供电任务，供电面积16961平方公里。

贵阳供电局在贵州电网公司的领导下，一直高度重视信息化建设工作，紧紧围绕南方电网公司集团化、一体化的发展战略和省公司“一加强、三提高”的工作思路开展信息化建设工作，抓住电网建设大好机遇，不断夯实基础，打造坚强的信息安全环境，提升IT服务与治理水平，深化信息系统应用，提升信息化整体水平。目前，贵阳供电局信息化建设已深入到供电局生产、经营、服务和管理的全过程，并发挥了极其重要的作用。有力促进了全局工作效率、服务质量和管理水平的提高。

为确保贵阳供电局信息化工作领导、管控到位，我局着力建设并完善信息化领导机构，其中包括：局信息化领导小组和工作组、信息安全领导小组和信息安全应急指挥机构，由局一把手担任组长，组员包括分管信息化工作的局领导、分管生产、营销、财务、人力资源、基建、物资等局领导以及全局各部门、分县局负责人，并根据人员变动情况及时调整小组成员名单。同时，贵阳供电局明确规定信息中心为信息化统一归口管理部门，并以“一体化、统一管控”为指导思想明确了其职责体系，出台了信息化绩效考核管理办法及信息化工作过程考核管理办法。通过一系列举措在全局建立起完善的信息化领导、管理、执行、考核体系。

2009年及2010年贵州电网公司制订的信息化登高目标分别为B+和A，贵阳供电局不但达到目标值，而且连续两年位列全省第一；在2011年贵州电网公司“信息化重点工作完成情况评价”结果中，贵阳供电局被列人A档成绩。

创新是信息化建设发展的动力源泉。贵阳供电局坚持将信息技术与核心业务紧密结合，不断探索和试点，以提高局核心业务管理水平。如2009年年底贵阳供电局投运的南网重点项目——营销监控指挥中心。以技术创新推动管理模式创新，是信息技术集成和电力营销管理模式的重要创新，项目整体处于国内领先水平，应用成果填补了国内空白。该项目成果获得南网公司科技成果开发三等奖。贵阳供电局信息系统的创新建设紧紧围绕“以客户为中心”的指导思想展开。电费POS实时查询交费系统、电费一本清、掌上营销信息系统、银电联网标准化平台等一系列项目，通过技术创新大大提升了我局客户服务水平。上述创新项目均在国内和南网属首创性开发，全部获得贵州电网公司科技成果奖励。其中电费POS实时查询交费系统和掌上营销信息系统还获得国家发明专利。

贵阳供电局还积极承担和配合省公司开展信息标准化工作，承担完成了21项标准的编写，参与讨论、修改、审查了110个标准规范，共接收贵州电网公司颁布信息化管理标准10个，工作标准及工作记录表99项，我局在实际工作中一贯坚持狠抓标准落实，严格规范信息化建设管理工作。

经过多年的信息化建设，贵阳供电局信息化工作取得了丰硕的成果，得到了南方电网公司、贵州省科协、贵州电网公司等各级部门的高度认可。2009年、2010年贵阳供电局两次获得南方电网公司信息化先进集体荣誉称号；近三年来，贵阳供电局共获得国家发明专利2项，贵州省优秀新产品、新技术三等奖1项，国家电力信息化优秀成果奖4项，中国南方电网公司科技成果奖2项，贵州电网公司科技成果奖21项，贵州省工会群众性技术创新成果和贵州省电力行业协会现代化管理创新成果6项。

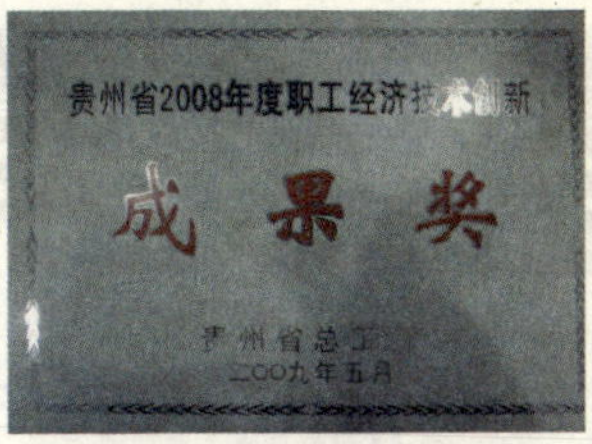

贵州省2008年度职工经济技术创新成果奖

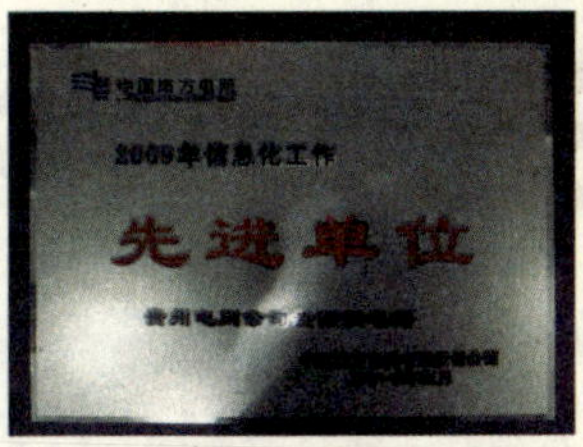

中国南方电网2009年信息化工作先进单位

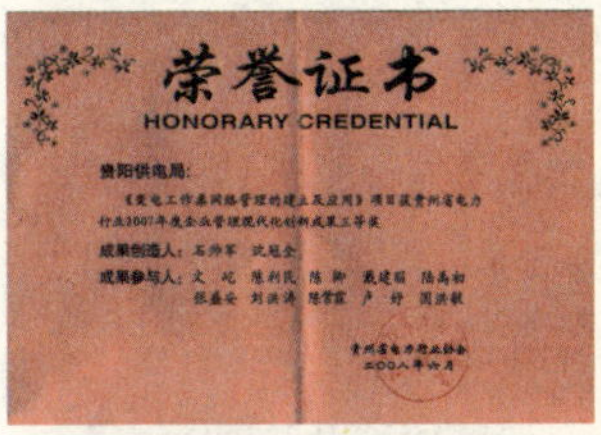

企业管理现代化创新成果

优秀电力信息化成果

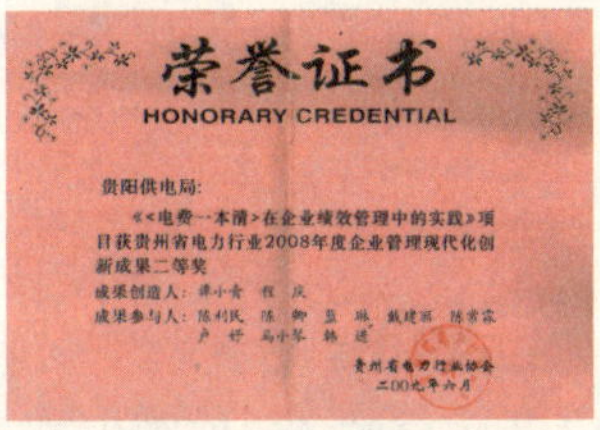

企业管理现代化创新成果

优秀电力信息化成果

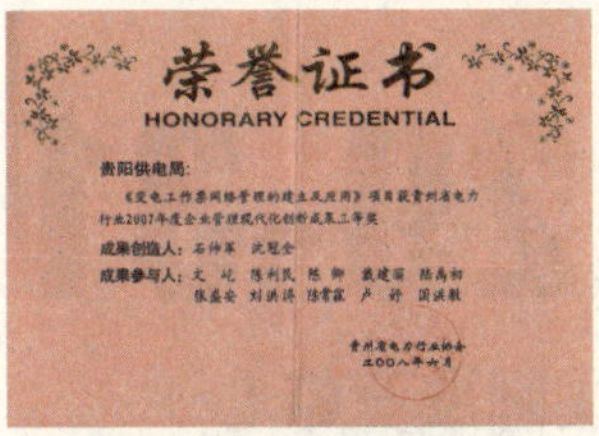

企业管理现代化创新成果

优秀电力信息化成果

企业管理现代化创新成果

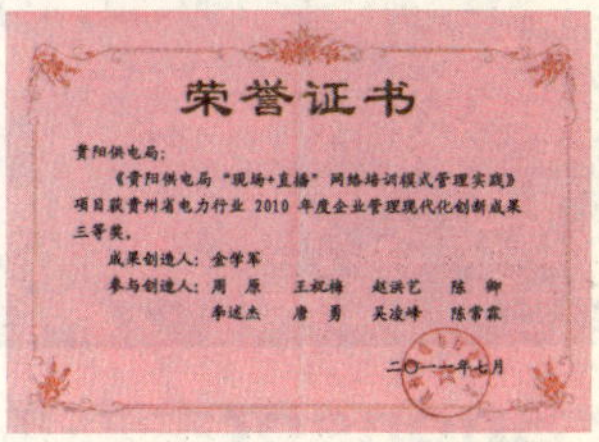

企业管理现代化创新成果

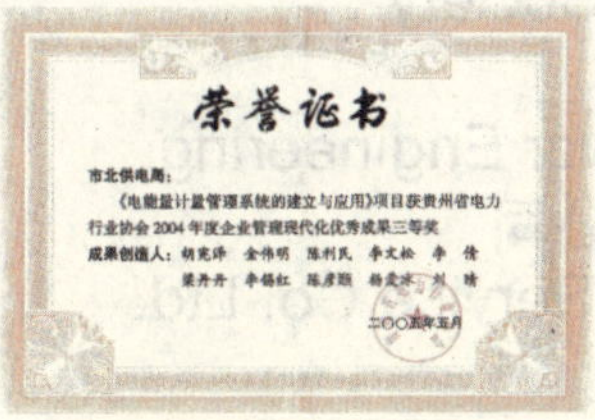

企业管理现代化创新成果

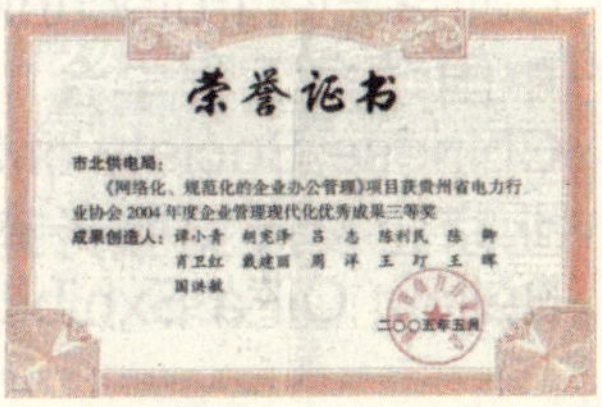

企业管理现代化创新成果

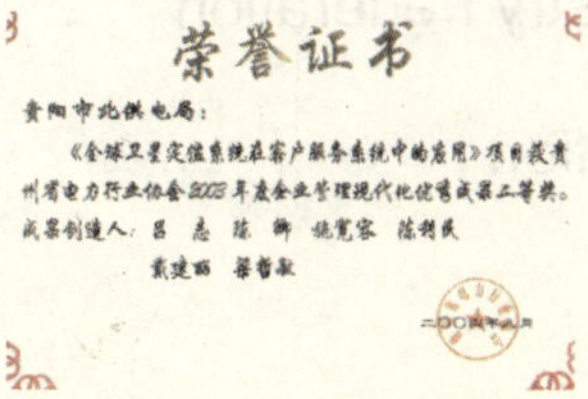

企业管理现代化创新成果

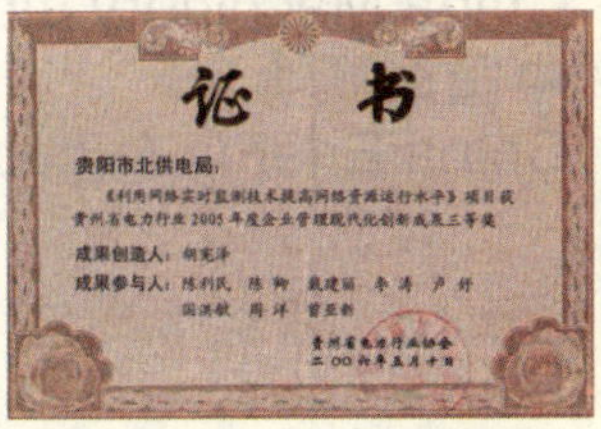

企业管理现代化创新成果